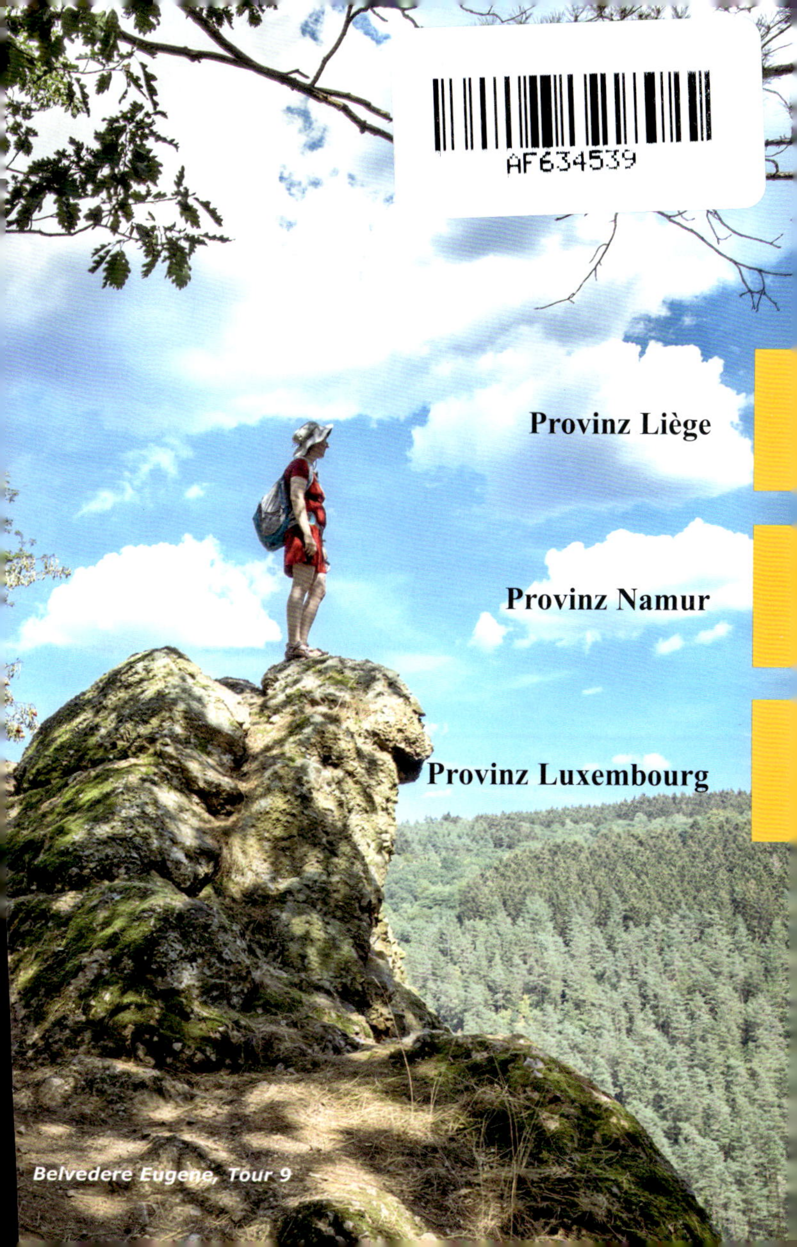

Provinz Liège

Provinz Namur

Provinz Luxembourg

Belvedere Eugene, Tour 9

Belgische Ardennen

Die Autorin und der Verlag sind für Lesertipps und Verbesserungen (besonders per E-Mail) unter Angabe der Auflagen- und Seitennummer dankbar.

Dieses OutdoorHandbuch hat 160 Seiten mit 65 farbigen Abbildungen, 27 farbigen Kartenskizzen im Maßstab 1:25.000 und 1:50.000 sowie 26 farbigen Höhenprofilen und einer farbigen, ausklappbaren Übersichtskarte. Es wurde auf chlorfrei gebleichtem, FSC®-zertifiziertem Papier gedruckt, in Deutschland klimaneutral hergestellt und transportiert und wegen der größeren Strapazierfähigkeit mit PUR-Kleber gebunden.

FSC
www.fsc.org
MIX
Papier aus verantwortungsvollen Quellen
FSC® C009051

Klimaneutral
Druckprodukt
ClimatePartner.com/10951-2010-1001

Dieses Buch ist im Buchhandel und in Outdoor-Läden erhältlich und kann im Internet oder direkt beim Verlag bestellt werden.

OutdoorHandbuch aus der Reihe „Regional“, Band 436

ISBN 978-3-86686-603-4 1. Auflage 2021

Text und Fotos: Astrid Holler
Karten: Johann Janssen
Lektorat: Amrei Risse
Layout: Manuela Dastig und Alexandra Sauerland

Gesamtherstellung: gutenberg beuys feindruckerei

Dieses OutdoorHandbuch wurde konzipiert und redaktionell erstellt vom:

Conrad Stein Verlag GmbH, Kiefernstr. 6, 59514 Welver,
☎ 023 84/96 39 12, FAX 023 84/96 39 13,
info@conrad-stein-verlag.de,
www.conrad-stein-verlag.de

Besuchen Sie uns bei Facebook & Instagram:

www.facebook.com/outdoorverlag

www.instagram.com/outdoorverlag

Titelfoto: Blick über das Tal der Semois und auf die Anhöhe von Corbion, Tour 23

Inhalt

Die Ardennen 7

Reise-Infos 7

Anreise 7
Unterkünfte und Standorte 8
Restaurants 8
Verkehrsmittel 8
Klima und Reisezeit 9
Karten und GPS 9
Wanderinfrastruktur 10
Sperrzeiten 10
Wandern mit Kind und Buggy 11
Wandern mit Hund 11
Updates 11

Provinz Liège 12

1 Die Wiesenwege von Raeren (8,2 km) 13
↻ *Tour für Kulturinteressierte und Familien*

2 Petergensfeld – Drei-Bäche-Wanderung (14,1 km) 20
↻ *Tour für Naturfreunde und Familien*

3 Zum Schieferstollen von Recht (12,2 km) 25
↻ *Tour für Naturliebhaber und Familien*

4 Der Schmetterlingsweg bei Schönberg (11,7 km) 30
↻ *Tour für Naturliebhaber und Familien, auch mit Kinderwagen*

5 Durchs Tal des Bayehon und zur Burg Reinhardstein (15,7 km) 35
↻ *Tour für kulturinteressierte Naturfreunde und Familien*

6 Signal Botrange – durch das Hohe Venn (8,5 km) 42
↻ *Tour für Naturliebhaber jeden Alters*

7 Brückenlauf bei Solwaster (8,8 km) 47
↻ *Tour für Liebhaber von Flusslandschaften und Familien*

8 Burgruine Franchimont (5,9 km) 51
↻ *Tour für Familien, Kultur- und Naturliebhaber*

9 Entlang des Ninglinspo (5,9 km) 58
↻ *Tour für Familien und Abenteurer*

Provinz Namur 62

10 Entlang der Lesse (9,1 km) 63
→ *Tour für sportliche Familien und Naturfreunde*

11 Falaën – Burgen, Felsen und Blumenwiesen (8,9 km) 68
↻ *Tour für Familien*

12 Zum Schloss von Vêves (6,7 km) 73
↻ *Tour für kulturinteressierte Wanderfreunde*

13 Walzin (12,2 km) 78
↻ *Tour für Liebhaber fantastischer Ausblicke und toller Landschaften*

14 Die Felsen von Freÿr (9,7 km) 83
↻ *Tour für Abenteurer und geländeerprobte Familien*

15 Nismes – Le Fondry des Chiens (13,3 km) 87
↻ *Tour für besonders naturverbundene Wanderer*

Provinz Luxembourg 92

16 Durbuy (9,0 km) 93
↻ *Tour für Familien und geologisch Interessierte*

17 Wéris – das Carnac Belgiens (12,0 km) 99
↻ *Tour für Freunde der Steinzeit und Familien* ( )

18 Achouffe – im Geburtstal der Feen (9,4 km) 104
↻ *Tour für Genießer und naturliebende Familien*

19 Engreux – am Zusammenfluss der Ourthen (9,2 km) 110
↻ *Tour für Vogelbeobachter und einen schönen Tag am Wasser und im Wald*

20 Nadrin (15,1 km) 115
↻ *Tour für sportliche Wanderer und Familien mit älteren Kindern*

21 Resteigne (9,3 km) 121
↻ *Tour für Natur- und Kulturinteressierte*

22 Redu – Bücher, Himbeeren und Sterne (7,8 km) 127
↻ *Tour für naturverbundene Bücherfans und Astronomiebegeisterte*

23 Corbion (14,5 km) 132
↻ *Tour für Wanderbegeisterte, die tolle Ausblicke lieben*

24 Bouillon (8,8 km) 138
↻ *Tour für geschichtsinteressierte Wanderer und Familien*

25 Rochehaut – der Leiterweg (5,2 km) 144
↻ *Tour für Abenteurer*

26 Frahan (13,4 km) 149
↻ *Tour für Naturliebhaber und Familien mit älteren Kindern*

27 Hotton (7,2 km) 155
↻ *Tour für Familien mit mittleren und älteren Kindern und vielseitig interessierte Wanderer*

☺ Die Tour 10 der in diesem Führer beschriebenen Wanderwege läuft durch mehr oder weniger flaches Gelände ohne nennenswerte Höhenunterschiede. In diesem Fall wurde auf die Darstellung eines Höhenprofils verzichtet

Die Ardennen

Fragt man, wo es in Europa noch Wildnis gibt, so denken die meisten sicher zuerst an Skandinavien oder den östlichen Rand unseres Kontinents. Die Ardennen fallen da nur den wenigsten ein. Zu Unrecht. Denn hier finden Sie raues Bergland, tief eingeschnittene Flusstäler, Moore und Heide und unendlich erscheinenden Wald. Die wenigen Dörfer und Städtchen fügen sich in diese Landschaft ein wie Inseln. Dort werden Sie herzlich empfangen und dürfen sich auf eine deftige Küche mit Wildgerichten, den besten Fritten und natürlich mit belgischem Bier freuen. Sie lieben Burgen und Schlösser? Dann erkunden Sie das Wanderparadies zwischen Our, Maas und Semois – Sie werden begeistert sein.

Mit dem vorliegenden Buch haben Sie die Gelegenheit, den belgischen Teil der Ardennen zu erwandern. Wie vielfältig und unterschiedlich die Landschaft ist, wird Ihnen schon nach den ersten Touren auffallen. Auch kulturelle Highlights haben bei der Auswahl der Touren eine große Rolle gespielt. Die wiederum fiel nicht leicht, da die belgischen Ardennen so viel wandernswerte Wege besitzen, dass Sie immer wieder hierherkommen werden. Versprochen!

☺ Aus Platzgründen mussten wir die Anzahl der Touren in dem vorliegendem Wanderführer beschränken. Sie haben aber die Möglichkeit die Beschreibung von drei zusätzlichen Touren kostenlos von der Website des Verlages herunterzuladen, 💻 www.conrad-stein-verlag.de.

Reise-Infos

Anreise

In die Ardennen können Sie mit dem Flugzeug, dem Auto, der Bahn, aber auch dem Rad anreisen. Flughäfen befinden sich in Charleroi, Liège und Luxemburg-Stadt. Eine Anreise mit dem Auto empfiehlt sich, wenn Sie auch abgelegene Wanderungen erreichen möchten. Nach Ostbelgien gelangen Sie von Norden über die Autobahn A44/E40 und E42, von Süden über die A60/E42. Die Autobahn von Liège nach Bastogne erschließt Ihnen den westlichen Teil der Provinz Liège.

Über die E42 und E411 erreichen Sie schließlich den Westen und Süden der Ardennen. Autobahnen und Straßen sind meist in gutem Zustand. Die Höchstgeschwindigkeit auf Autobahnen beträgt 120 km/h.

Das Bahnnetz ist recht weitmaschig, jedoch zuverlässig. Alles Wichtige finden Sie unter 💻 www.belgiantrain.be/de.

Als Alternative bietet sich das Fahrrad an. Planen Sie eine längere Reise, dann finden Sie in Belgien eines der bestausgebauten Wegenetze für nicht-motorisierte Verkehrsteilnehmer, das RAVeL (Réseau Automome des Voies Lentes). Es handelt sich dabei um Radwege, auf denen teilweise auch Fußgänger, Rollschuhfahrer und Reiter zugelassen sind, meist auf ehemaligen Bahntrassen. Hierzu gehört auch die Vennbahnlinie. Unter 💻 www.velo-ravel.net/All_carte16.html und www.vennbahn.eu finden Sie eine Übersicht und alle nötigen Informationen.

Als gute Kombination sei noch die Anreise per Bahn plus geliehenes E-Bike erwähnt. So können Sie Ihren Aufenthalt umweltfreundlich und kraftsparend zugleich gestalten. Mögliche Startpunkte sind Eupen, Theux, Spa, Aywaille, Marche-en-Famenne, Libramont-Chevigny, Dinant oder Philippeville.

Unterkünfte und Standorte

Der Tourismus ist eine der Stützen der Wirtschaft in den Ardennen. Daher finden Sie meist auch in kleineren Orten Hotels, Ferienwohnungen oder Campingplätze von einfach bis mondän. Wollen Sie mehrere Wanderungen gebündelt erreichen, dann könnten Dinant, Bouillon, Spa und St. Vith gute Ausgangspunkte für Sie sein. Die Website 💻 belgien-tourismus-wallonie.de hält alle wichtigen Informationen bereit.

Restaurants

Wenn Sie vor, während oder nach einer Wanderung in einem Restaurant einkehren möchten, sollten Sie immer reservieren. Nur selten bekommen Sie auch spontan einen Platz.

Verkehrsmittel

Viele Wanderungen erreichen Sie nur eingeschränkt mit Bussen. Oft fahren nur Schulbusse. Hier sind Sie auf ein Auto oder die Anreise mit dem Fahrrad angewiesen. Das hingegen ist kein Problem. Meistens können Sie kostenlos parken und der nächste Radschnellweg ist nicht weit entfernt. Falls ein Parkplatz kostenpflichtig ist, finden Sie einen Hinweis im Infoblock vor der jeweiligen Wanderung. Da alle Touren – bis auf eine – Rundwanderungen sind, kommen Sie einfach wieder zurück zu Ihrem Quartier. Die einzige Streckenwanderung in diesem Buch (Tour 10) ist per Bahn erreichbar, ebenso Tour 8.

Taxis sind in den Ardennen schwer zu bekommen. Viele Taxiunternehmen übernehmen Dialysefahrten, die immer dem privaten Transport vorgezogen werden. Bitte bedenken Sie, dass Sie auch die Anfahrt des Wagens bezahlen müssen.

Infos dazu, wie Sie im Einzelnen anreisen können, finden Sie auf den Websites 💻 www.infotec.be (belgisches Verkehrsunternehmen Transport en Commun, TEC) oder www.rome2rio.com.

Klima und Reisezeit

Die Ardennen sind ein sehr regenreiches Gebiet. Das Hohe Venn z. B. gehört bei der Regenmenge zu den europäischen Rekordhaltern. Aber auch anhaltend freundliche Phasen in den Sommermonaten können Sie erleben. Dafür sind Niederschlag und dichter Nebel im Winter keine Seltenheit.

Gemäßigtes Klima haben Sie in den Monaten Mai bis Oktober: Die wärmsten Monate sind Juli und August, die sonnigsten Mai und Juni. Wenn Sie Glück haben, sind auch der September und Oktober schön.

Im Spätsommer profitieren Sie zudem von der Nebensaison. Zwischen November und April schließen viele Lokale und Unterkünfte ganz.

Karten und GPS

Die Wanderungen im Buch sind so beschrieben, dass Sie sich vor Ort orientieren können. Dennoch ist es sehr sinnvoll, gutes Kartenmaterial dabeizuhaben. Die besten und aktuellsten Karten bekommen Sie in den Touristenbüros vor Ort: für die Wanderungen 1 und 2 in Raeren, für 3 und 4 in St. Vith, für 5 und 6 in Signal de Botrange oder Malmedy, für 7-9 in Theux oder Spa, für 10-14 in Dinant, für 18-20 in Nadrin oder Houffalize, für 21 und 22 in Redu und für 23-26 in Bouillon. Die Touren 15-17 und 29 führen jeweils an Touristenbüros vorbei. Dort weiß man auch am ehesten über Neuerscheinungen oder wichtige Änderungen bei der Wegführung Bescheid.

Die GPS-Tracks zu den beschriebenen Wegen können Sie kostenlos von der Internetseite des Verlags (💻 www.conrad-stein-verlag.de) herunterladen.

📖 Tipps zum Umgang mit dem GPS-Gerät finden Sie in dem Ratgeber „**GPS** – *Grundlagen · Tourenplanung · Navigation*“ von Michael Hennemann, Conrad Stein Verlag, ISBN 978-3-86686-495-5, € 9,90.

Wanderinfrastruktur

Die Wanderwege sind allgemein gut in Schuss, Markierungen meist vorhanden. Das sind überall in der Wallonie geometrische Zeichen in den Farben Gelb, Rot, Grün und Blau (jeweils auf weißem Grund) oder die weiß-rote bzw. gelb-rote Markierung der Fernwanderwege, der Grandes Randonnées (GR). Letztere sind durchwegs vorbildlich markiert und garantieren höchsten Wandergenuss. Im Text wird bei den geometrischen Zeichen auf den Zusatz „auf weißem Grund“ verzichtet.

Eine Ausnahme bildet das deutschsprachige Ostbelgien. Hier wurde 2019 das Knotenpunktsystem eingeführt: Sie wandern von einem nummerierten Punkt zum nächsten. Zum Zeitpunkt der Recherchen waren die Arbeiten noch nicht abgeschlossen. Weg 3 ist durchgehend eingerichtet, bei den Touren 1, 2 und 4 werden die vorgesehenen Knotenpunkte im Text erwähnt, hier stand jedoch die Fertigstellung noch aus. Alle Infos und die Go-App, mit der Sie auch eigene Strecken planen können, gibt es unter 💻 http://go.eastbelgium.com.

Sperrzeiten

Die Wanderungen im Hohen Venn verlaufen durch Naturschutzgebiete. In Schonzeiten, aber auch, wenn Brandgefahr herrscht, wird an den Zugängen eine rote Flagge aufgezogen. Dann ist das Betreten verboten.

✋ Vom Herbst bis zum Frühjahr können überall in den Ardennen einzelne Wege wegen Jagd geschlossen sein.

Gekennzeichnet wird das durch weiß-rote oder gelb-rote Schilder mit der Aufschrift „Chasse, passage interdit“. Zu Ihrer Sicherheit sollten Sie sich daran halten und den Bereich nicht betreten. Erkundigen Sie sich im Vorfeld in den örtlichen Touristenbüros.

Wandern mit Kind und Buggy

Eigentlich sind alle Touren für Kinder geeignet, es hängt am meisten davon ab, ob ein Kind gerne wandert. Abwechslungsreiche Wege sind zum Eingewöhnen sicher der beste Tipp. Auch sollten Sie die Weglänge nur langsam steigern und sich unterwegs viel Zeit lassen, damit Kinder die Welt erkunden können. Grundsätzlich sind die Ardennen eher eine „herbe" Landschaft, die Erwachsenen vermutlich mehr zusagt. Mit Kinderwagen sind viele Touren eine Herausforderung, einige auch unmöglich. Hinweise dazu finden Sie im Text.

Wandern mit Hund

Auf den meisten Touren wird Ihr Hund sich wohlfühlen, da die Ardennen wald- und wiesenreich sind und viele Wanderungen an Bächen und Flüssen entlangführen. Hier kann Ihr Hund sich erfrischen. Einige Wanderungen verlaufen jedoch über Leitern oder Stege und sind daher ungeeignet. Auch einzelne Flusswanderungen sind so felsig, dass sie nur für geübte Hunde zu empfehlen sind. Im Hohen Venn sind Hunde gänzlich untersagt. Informationen hierzu und zu der Frage, ob Sie Trinkwasser für Ihren Hund mitnehmen sollten, finden Sie zu Beginn jeder Wanderung im Infoblock.

Für die Einreise mit einem Hund benötigen Sie einen EU-Heimtierausweis und einen Nachweis über eine Tollwutimpfung. Bitte beachten Sie auch, dass Sie in Belgien Hunde grundsätzlich an der Leine führen müssen.

Weitere Informationen erhalten Sie unter www.auswaertiges-amt.de.

Updates

Der Conrad Stein Verlag veröffentlicht Updates zu diesem Wanderführer, die direkt von der Autorin oder von Lesern des Buches stammen. Sie finden sie auf der Internetseite des Verlags (www.conrad-stein-verlag.de), wenn Sie dort diesen Buchtitel aufrufen. Der rechts abgebildete QR-Code führt Sie direkt zur richtigen Seite.

Provinz Liège

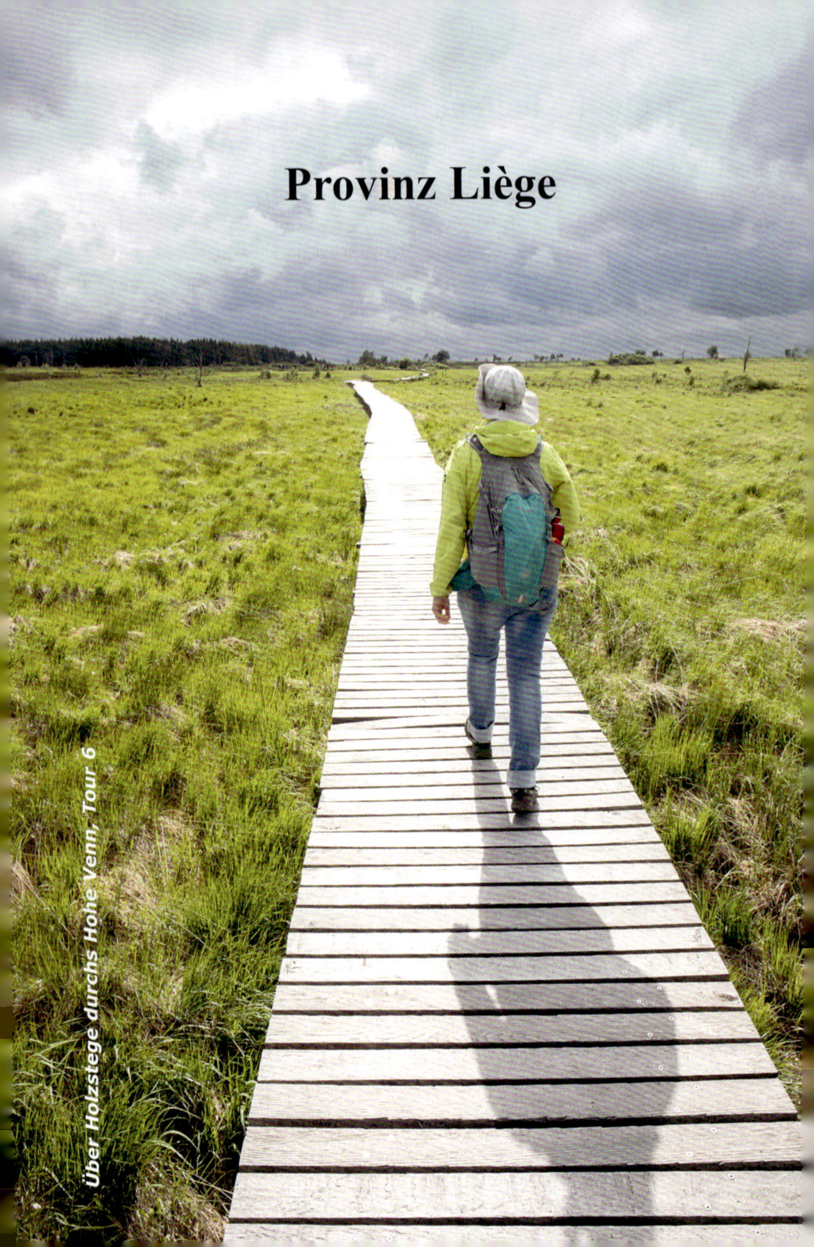

Über Holzstege durchs Hohe Venn, Tour 6

❶ Die Wiesenwege von Raeren

Tour für Kulturinteressierte und Familien

Die Wiesenwege spielen bei dieser Wanderung die Hauptrolle. Sie sind historisch gewachsen und verbinden schon immer die Häuser der lockeren Ansiedlung des Dorfes Raeren, das mit Wiesen, Feldern, Bächen und Gärten fast die Fläche einer mittleren Kleinstadt besitzt. Historisch interessant sind auch die alten Bauwerke und das alte Handwerk, dem Sie hier auf Schritt und Tritt begegnen.

Start/Ziel: an der Wanderkarte gegenüber dem Schloss Raeren, GPS N 50°40.739‘ E 006°07.218‘

8,2 km

ca. 2 Std.

111 m/111 m

275-340 m

ohne Markierung bzw. Knotenpunkte (KP): 60, 9, 54, 79, 31, 51, 39, 99, 24, 92, 80, 47, 24, 60 (☞ Reise-Infos, Wanderinfrastruktur)

geteerte Wege, Fußpfade und Wiesenwege, meist sonnig oder mit Hecken als kleinen Schattenquellen

Bahnhofscafé (km 3,4), Friterie (km 7,4)

ausreichend Rastmöglichkeiten in den bewohnten Ortsteilen

WC Touristenbüro am Start/Ziel in der Burg Raeren

Geschäfte auf der Hauptstraße (km 7,4)

Der Weg ist so ereignisreich, dass er Kindern viel Spaß machen wird. Ein Abenteuerspielplatz zum Ende ist ein toller Ausklang. Wenn Sie das Töpfereimuseum besuchen, erkundigen Sie sich nach Angeboten für Kinder.

Für Kinderwagen ist der Weg ungeeignet, da er über Wiesen und schmale Pfade führt. Durch einige Tore passt ein Buggy nicht durch.

Für Hunde ein schöner Weg, oft sind Bäche in der Nähe, für Wasser ist gesorgt.

Sie queren mehrmals Dorfstraßen, meist jedoch mit wenig Verkehr.

Parkplatz am Start/Ziel

Bushaltestelle „Raeren Mühlenstraße“, Linie 722 (Eupen – Lichtenbusch/Köpfchen), Mo-Fr stündl., Sa alle 2 Std., So+Fei kein Bus

Die Wegfindung ist bei dieser Wanderung nicht immer einfach. Daher sollten Sie eine gute Detailkarte mitnehmen oder den GPS-Track verwenden.

Gegenüber der ♜ Burg Raeren (KP60) finden Sie eine Wandertafel, einen Gedenkstein zum Königsjubiläum und ein Wegekreuz, das Emont Emonts op den Born gewidmet ist.

⌘ ℹ Burg Raeren, Töpfereimuseum und Touristenbüro, Burgstr. 103, 4730 Raeren, ☏ +32/(0)87/85 09 03, 💻 www.toepfereimuseum.org, 🚪 Di-So 10:00-17:00, Erw. € 3, Kinder € 2, 👪 wechselnde Mitmachaktionen (☞ Website, bitte anmelden), 🐕 Hunde erlaubt

Raeren war ehemals ein Weilerdorf, bestehend aus zahlreichen Siedlungskernen, die über Fußwege miteinander verbunden waren. Viele der Wege existieren heute noch. In den Einzelsiedlungen gab es oft Töpfereien, wofür Raeren bekannt war – und das schon seit dem Mittelalter. Damals entstanden auch die Burg und das Haus Raeren, an denen Sie vorbeilaufen. Übrigens besitzt Raeren noch etwas Besonderes: ein Dehnungs-E. Es spricht sich nämlich „Raaren" aus.

Mit Blick auf die Burg starten Sie nach links. Auf Gehwegen kommen Sie bei ♜ Haus Raeren (KP9, km 0,1) vorbei.

♜ Haus Raeren und die Burg entstanden etwa gleichzeitig im 14. Jh., vermutlich wegen Erbteilung. Während die Burg mehrmals umgebaut und ihr Wassergraben zum Teil zugeschüttet wurde, befindet sich Haus Raeren noch im ursprünglichen Zustand. Lediglich die Zinnen wurden geschlossen und ein Dach aufgesetzt. Die letzten Besitzer waren der Maler André Blank, der auch ein Fenster in der Kapelle des Marienheims gestaltete, und – nach seinem Tod – sein Sohn.

Weiter entlang der Burgstraße, die den Bach Blar quert und dann leicht bergauf verläuft, erreichen Sie eine Linkskurve. Hier zweigt nach rechts die Kapellenstraße ab. Treppenstufen leiten Sie durch einen Park hinauf zur ✞ St.-Anna-Kapelle (km 0,4). Vor der Kapelle wenden Sie sich nach rechts zur Kapellenstraße und laufen auf dieser – vorbei an den Häusern Nr. 14 bis 25 – in die Sackgasse bis zu einem Schwenktor. Durch dieses hindurch gelangen Sie auf eine Kuhwiese und gehen an Felsen zu Ihrer Rechten vorbei.

Wenn Sie in die Senke schauen, in der eine Straße verläuft, so entdecken Sie zwei Metallpfähle (km 0,7). Diese geben Ihnen die Richtung an. Wandern Sie nun weiter den Hügel hinauf, wiederum zu einem Metallpfahl von etwa 1,5 m Höhe. Von dort aus wenden Sie sich nach rechts und zu dem schmalen Durchlass in der Hecke.

Durch ein quietschendes Tor gelangen Sie auf einen Fußpfad zwischen Hecken und dem Garten von Haus Am Blar (KP54). Geradeaus sehen Sie die Hohe Brücke über den Periolbach, biegen jedoch vorher links durch ein weiteres Tor ab und gehen von hier aus über die Wiese nahe dem Ufer. Durch ein Drehtor treten Sie in den Wald. Der Pfad verzweigt sich bald nach links hin. Sie können entweder weiter dem Bach folgen oder nach links eine Runde durch den Kalvarienberg gehen (leider in der falschen Reihenfolge) – beides führt Sie zum selben Weg zurück.

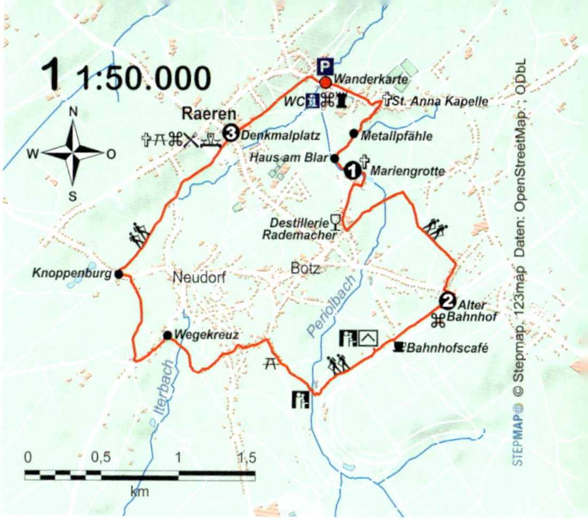

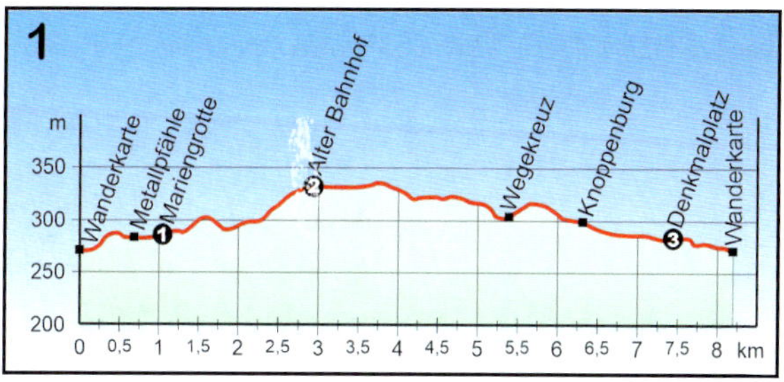

Kurz bevor beide Wege wieder aufeinandertreffen, führt rechts eine Brücke vom Uferweg zu einer beeindruckenden ✝ Mariengrotte ❶ (km 1,1). Kehren Sie nach der Besichtigung auf den Uferweg zurück und biegen Sie vor dem Weiher über eine Brücke nach rechts ab. Zwischen dem Marienheim und dem Gebäude Nr. 12 umrunden Sie das Stift. Am Eingang des Hauptgebäudes wenden Sie sich nach links und folgen bergauf der Spitalstraße. Bei km 1,5 befindet sich die ⌘ 🍷 Destillerie Radermacher.

⌘ 🍷 Destillerie Radermacher, Spitalstr. 50, 4730 Raeren, ☏ +32/(0)87/85 82 32, 💻 www.distillerie.biz, 🚪 Mo-Do 8:30-12:00 und 13:00-16:30, Fr 8:30-12:00, Gruppen bis 15 Pers. € 90, über 15 Pers. € 6/Pers., um Voranmeldung wird gebeten, 👪 Kinder müssen extra angemeldet werden, 🐕 Hunde nicht erlaubt

Nach einer Hecke und einem weißen Haus zweigt am KP79 (km 1,6) nach links eine geteerte Einfahrt ab, an deren Ende sich ein Wiesenweg anschließt. Über Weiden und entlang von Hecken gelangen Sie zu einem Drängeltor, dann weiter geradeaus zu einem Durchlass aus Metallpflöcken (km 1,9) und einem steinernen Steg über den Periolbach. Geradeaus und bergauf an Haselnussbüschen entlang erreichen Sie ein Drehtor, das Sie durchschreiten. Hinter der einzelnen Eiche führt Sie ein weiteres Tor nach rechts (KP31).

Quer über die Wiese und durch die Senke laufen Sie einen undeutlichen Wiesenpfad entlang. Sie erreichen ein Drängelgitter und nehmen den Trampelpfad in Richtung der frei stehenden Eiche. ✋ Dort queren Sie die Iterstraße. Über einen breiten Feldweg zwischen hohen Hecken gelangen Sie wieder in bebautes Gebiet. Ihr Weg mündet in den Verbindungsweg, dem Sie nach rechts bis zur Bahnhofsstraße folgen. Hier wandern Sie nach links und gleich wieder rechts die Rampe zum Bahnhofsgelände hinauf.

Der Weg führt über Wiesen und Weiden durch ein Drängeltor

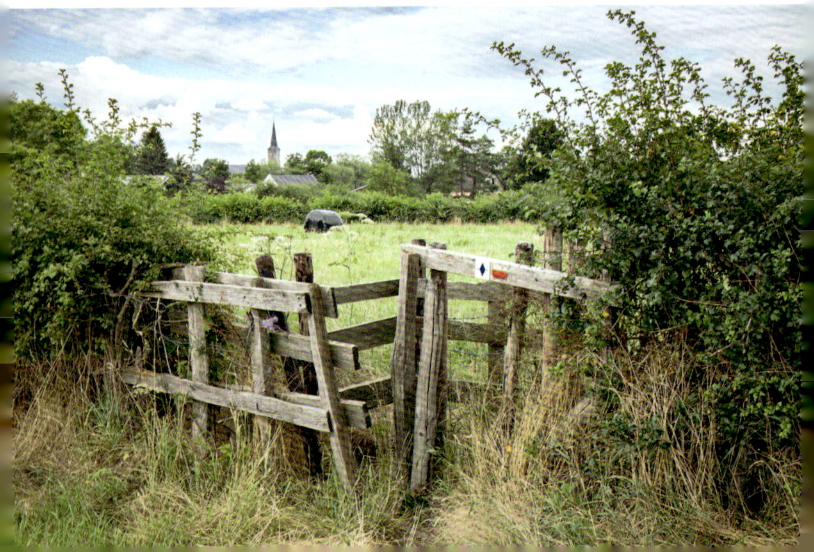

Vor dem Ende der Steigung erreichen Sie den alten Bahnhof ❷ (km 2,9). Vor dem Gebäude wenden Sie sich nach links. Auf einem schmalen Weg erreichen Sie so den alten Bahnsteig. Sie haben eine weiten Blick über das Bahngelände und finden auf dem Bahnsteig ⌘ die Reste einer alten Dampflock. Weitere Waggons und Lokomotiven sind hier überall abgestellt.

Weiter um den Bahnhof herum gelangen Sie zurück auf die Pflastersteinstraße, der Sie weiter nach links folgen. Sobald Sie die Straße erreichen, finden Sie das Lokal Bahnhofscafé mit dem Raerener Balkon (KP51, km 3,4).

Bahnhofscafé, Langenbend 49, 4730 Raeren, ☏ +32/(0)87/85 09 03 (Touristenbüro Raeren), Sa, So+Fei 11:00-18:00

Auf der Straße nach rechts und dann gleich hinter dem Lokal wieder nach links laufen Sie auf einem Schotterweg entlang der Hangkante weiter.

Hier bieten sich immer wieder schöne Ausblicke auf das Dorf und Sie können dessen immense Ausdehnung erfassen.

Der Raerener Balkon ist eine Landschaftstreppe und gleichzeitig die erste Erhebung der Ardennen. Also befinden Sie als Wanderer sich erst hier auf dem Balkon „wirklich“ in den Ardennen.

Nach der Schutzhütte endet der Schotter und ein Fußweg leitet Sie in den Wald. Der Weg gabelt sich bei km 3,8. Entscheiden Sie sich hier für den breiten mittleren Weg. Auf einem holprigen Fußpfad kommen Sie zur nächsten Gabelung (km 4). Nehmen Sie hier den schmalen und sehr steilen Pfad nach rechts. Neben einem Haus mündet der Pfad in einen schmalen Fußweg und Sie biegen nach links ab.

In einer Rechtskurve kommen Sie zum Ufer des Periolbaches. Überqueren Sie die Brücke. Auf einer mit Gras bewachsenen Kiesstraße gehen Sie nach rechts bergauf, umgeben von Wiesen, Hecken, Kühen und wunderbarer Aussicht. Sie gelangen zum Schonsweg, nun wieder zwischen Wohnhäusern, wo Sie unter einem Baum eine Picknickbank finden. Bitte überqueren Sie den Schonsweg vorsichtig und gehen Sie dann nach rechts am Fahrbahnrand entlang.

Dann biegen Sie links in die Rottstraße und am nächsten Abzweig rechts in die Untere Rottstraße ab. Gleich nach dem Haus Nr. 24 läuft links ein unscheinbarer Weg auf eine holzverkleidete Garage zu (KP39). Über diesen Weg erreichen Sie die Waldstraße. Überqueren Sie auch diese.

Auf der anderen Straßenseite, ein wenig rechts, geht es „Zu den Häusern 22a, 24, 26, 28 und 34". Rechts neben dem letzten Haus folgen Sie dem Kiesweg zu einem Geräteschuppen und laufen von dort auf die Gabelung zu (KP99). Zwischen hohen Hecken nach rechts und 15 m weiter wieder nach rechts wandern Sie nun in einem grünen Tunnel aus Bäumen und Büschen.

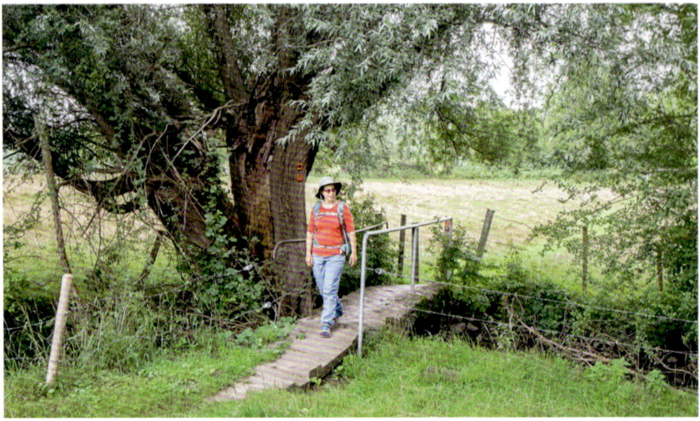

Auf dem Wiesenweg

Kurz öffnet sich das Blätterdach, dann überschreiten Sie den Iterbach. Bergauf laufen Sie auf ein Stromhäuschen aus roten Ziegeln zu. An dessen Vorderseite stehen Sie an der Pfaustraße sowie an einem Wegekreuz mit der Aufschrift „Rette deine Seele". Hier geht es nach links und auf der rechten Straßenseite auf die parallel verlaufende Zufahrt bei Haus Nr. 34. Am Ende der Zufahrt steht rechts ein graues Betonhaus mit dem blauen Straßenschild „Pfaustraße". Dahinter sehen Sie einen Trampelpfad, der Sie von der Straße wegführt. Der Weg knickt nach rechts ab und mündet auf einer Freifläche. Hier nehmen Sie an der Gabelung (km 5,7) den linken Abzweig neben hohen Hecken.

Immer der deutlichen Wiesenspur folgend durchqueren Sie eine Weihnachtsbaumplantage (KP24) und erreichen einen Grenzstein unter einer niedrigen Eiche (km 6). Hier geht es nach links den Berg hinunter und auf einen Durchgang in der nächsten Hecke zu. Vorbei an einem mittelalterlichen Töpferofen gelangen Sie zur Neudorfer Straße und wenden sich nach links. Zwischen den Häusern Nr. 17 und 19 finden Sie den nächsten Wiesenweg. Bevor Sie dort entlanggehen, sehen Sie gegenüber die Knoppenburg.

⌘ Der Name dieses befestigten Hofes erklärt sich durch die Zwiebeltürmchen, die man in der Bevölkerung „Knop" nannte. Wenn Sie schöne Gärten lieben, dann gefällt Ihnen ganz sicher der Park auf der Rückseite der Knoppenburg.

Vom Wiesenweg geht es hinter den Häusern nach rechts über eine Wiese auf den Heckendurchlass zu. Dahinter sehen Sie ein Gartentor, links daneben die Spitze einer Weißdornhecke (KP92). Hier gehen Sie links vorbei und dann immer geradeaus, von Heckendurchlass zu Heckendurchlass. Peilen Sie dabei den Kirchturm an.

An der Bachstraße (km 6,9) ✋ überqueren Sie die Fahrbahn und laufen dann nach links, um vor dem grauen Steinhaus nach rechts auf den RAVeL abzubiegen (km 7). Nach 250 m stehen Sie auf dem Parkplatz hinter der Kirche. Gehen Sie auf dem Fußweg in Richtung der Kirche. Im Park finden Sie eine ⩩ Picknickbank und einen alten ⌘ Ziehbrunnen. Zur Kirche hinauf führt ein Weg (KP80). Geradeaus erreichen Sie die Hauptstraße (KP47, km 7,4).

✕ Friterie Schlemmer-Stübchen, Hauptstr. 38, 4730 Raeren, ☏ +32/(0)87/55 75 11, 🚪 Di-Fr 11:30-14:30 und 16:00-21:30, Sa+So 16:00-21:30

🛒 verschiedene Geschäfte auf der Hauptstraße

Gegenüber geht es über den Denkmalplatz ❸ (km 7,5) an einem ⌘ Töpferdenkmal und einem Kriegerdenkmal vorbei. Das Schulgelände lassen Sie links liegen und kommen auf der Rückseite an einem 👪 riesigen Abenteuerspielplatz (KP24, km 7,6) vorbei. Immer geradeaus auf dem Geh- und Radweg gelangen Sie wieder zur Burgstraße. Hier wenden Sie sich nach rechts und erreichen den Ausgangspunkt der Wanderung (KP60).

Burg Raeren, Ausgangs- und Endpunkt der Wanderung

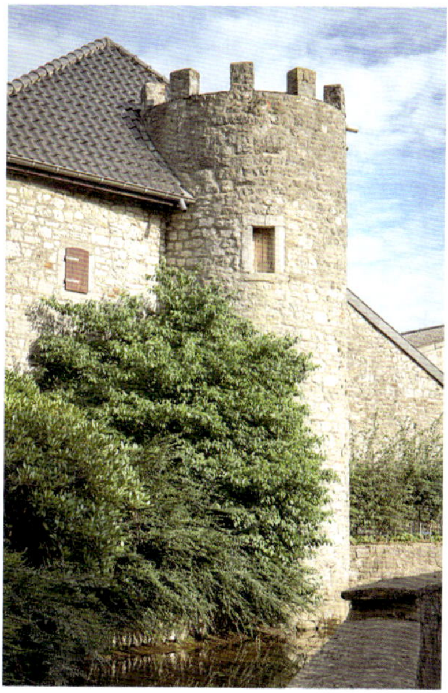

2 Petergensfeld – Drei-Bäche-Wanderung

Tour für Naturfreunde und Familien

An den Rand des Hohen Venns führt Sie diese Wald- und Flusswanderung. Sie tauchen ein in unberührte Natur, umgeben vom Zwitschern der Vögel und vom Plätschern der Weser, des Eschbaches und des Steinbaches. Wenn sich dann der Blick aufs Moor öffnet, können Sie dem Leben im verlassenen Dorf Reinartzhof nachspüren.

↻ Start/Ziel: vor dem Schützenheim Petergensfeld, N 50°38,761' E 006°10,536'

14,1 km

ca. 4 Std. 30 Min.

↑ ↓ 184 m/184 m

⇧ 390-519 m

✎ grün-weiß-grün bzw. Knotenpunkte (KP): 32, 95, 38, 21, 87, 98, 92, 37, 90, 93, 87, 21, 95, 32 (☞ Reise-Infos, Wanderinfrastruktur)

Der Weg führt am Eschbach entlang

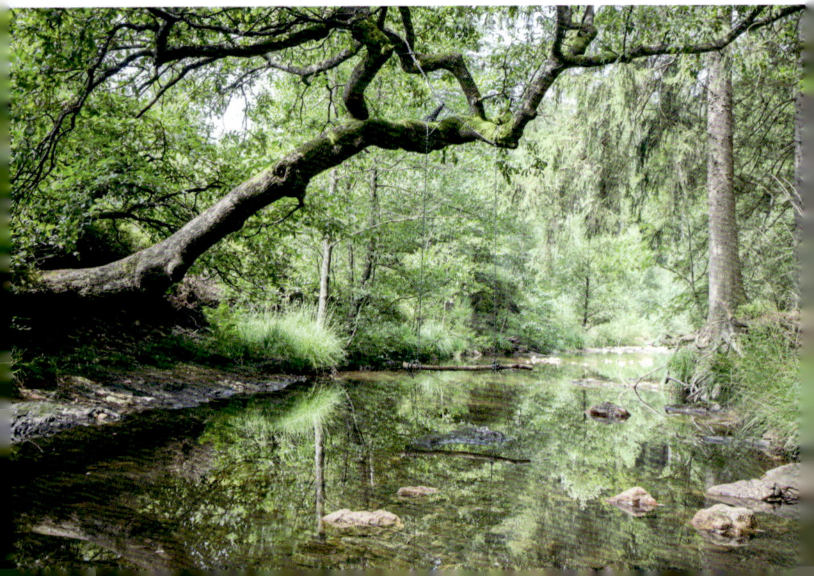

meist über schmale Waldpfade oder schattige Forstwege, entlang des Venns sonnig, kurzer Wegabschnitt über eine geteerte Forststraße

keine Einkehrmöglichkeit am Weg

Bänke (gleich zu Beginn bei km 0,1 und bei km 0,9), Picknickbank (km 7,3), bequeme Findlinge (km 6,6)

Bademöglichkeit im Eschbach (km 2,2)

Wie eine kleine Safari sind die Pfade entlang der Bäche. Die alten Bilder in Reinartzhof erzählen Geschichten von einer untergegangenen Welt. Wenn Sie an heißen Tagen die Badesachen mitbringen, können Sie im Eschbach baden.

Mit Kinderwagen ist die Wanderung nicht möglich

Hunde sind auf dem Weg nicht erlaubt.

Parken nahe dem Schützenheim ist meist möglich.

Bushaltestelle „Roetgen Wanderstation/Bahnhof", Linie 722 (Eupen – Lichtenbusch/Köpfchen), Mo-Fr zweimal, Linie SB63 (Aachen – Simmerath), Mo-Fr halbstündl., Sa+So alle 2 Std.

Von der rot-weißen Wegschranke vor dem Schützenheim Petergensfeld folgen Sie der grün-weiß-grünen Markierung. Wo diese unterwegs lückenhaft ist, finden Sie dazu Hinweise im Text.

Wenn am Fahnenmast neben der Wegschranke die rote Flagge aufgezogen ist, dürfen Sie den Wanderweg nicht gehen! Dann ist das Gebiet wegen Brandgefahr gesperrt.

Auf dem ersten knappen Kilometer ist der Weg einfach und eindeutig. Die geteerte Forststraße führt an einer Bank (km 0,1) vorbei und dann durch tiefen Forst zu einer Brücke (km 0,9). Vor der die Brücke biegen Sie nach rechts in den Wald ab und finden dort am Ufer der Weser eine weitere Bank ❶. Die Markierung ist hier ein wenig versteckt und kann übersehen werden.

Immer entlang des Baches laufen Sie durch urigen Uferwald auf einem Naturpfad, den Farnkraut und Wildkräuter einrahmen. Der Pfad verläuft nach rechts über eine Lichtung. Sie erreichen eine seichte Furt durch einen Zufluss zur Weser.

Wenige Schritte darauf mündet Ihr Weg in eine ebene Forststraße. Gehen Sie hier links über die Weserbrücke (km 2,1) und dann gleich rechts in den Wald hinein. Diesen Abzweig können Sie leicht verpassen.

Die Weser fließt geradeaus, von links kommt der Eschbach dazu. Diesem folgen Sie nun, jetzt wieder mit gut erkennbarer Wegmarkierung.

Das Wasser ist gut erreichbar und eignet sich wunderbar für ein Bad ❷ (km 2,2).

Der Eschbach auf der rechten Seite führt Sie. Sie überschreiten einen Zufluss und gelangen zum Zusammenfluss von Eschbach und Steinbach (km 3,4). Überqueren Sie die Fußgängerbrücke über den Steinbach (km 3,5) und wenden Sie sich dann nach links auf die geschotterte Forststraße. Schon nach 40 m zweigt rechts ein unscheinbarer Pfad in die Böschung ab. Erneut fehlt hier das Wegzeichen.

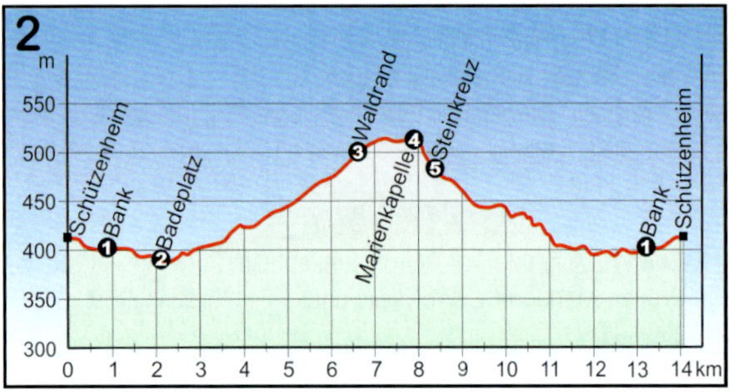

Fern von jeder Straße hören Sie Vogelgezwitscher und das Summen der Insekten. Sie erreichen die geteerte Forststraße (km 4,7). Nach rechts über den Eschbach und dann gleich wieder entlang des Uferwegs gelangen Sie zum Rand des Kutenhartvenns.

Dann endet der Uferpfad bei km 6,1.

Hier wird es etwas unübersichtlich. Nach links über den Bach führt ein Wurzelpfad in Richtung des Randes des Fichtenforstes. Mit einem Schritt überschreiten Sie den Bach, dann folgen Sie dem Trampelpfad durch mannshohes Farnkraut bis zum Waldrand und gelangen auf einen deutlichen und breiten Weg, der Sie nun am Rande des Kutenhartvenns entlangführt.

Nach einer Brandschneise links laufen Sie noch etwa 300 m bis zu großen Steinen am Waldrand ❸, auf denen Sie Pause machen und den Ausblick über das Moor genießen können (km 6,6). Bald danach knickt der Weg deutlich nach links ab. Ab km 7,3 finden Sie immer wieder Infotafeln (De) über das Moor, seine Bewohner und deren Kultur.

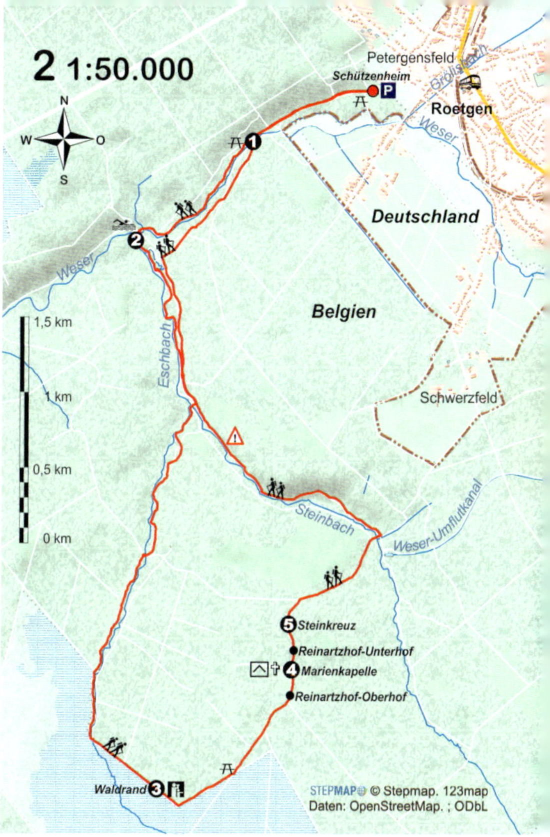

Hinter einer grünweißen Wegschranke mit ⚻ Picknickbank (km 7,3) führt Sie ein bequemer Forstweg an hohen Fichten vorbei. Sie erreichen bei km 7,9 Reinartzhof.

Das Dorf Reinartzhof wurde 1971 aufgegeben, um das Wasser der nahen Talsperre nicht zu verunreinigen. Denn das Dorf war bis dahin nicht an die Kanalisation angeschlossen. Heute erinnern nur noch Fotos, die Kapelle und ein Wegekreuz an den Ort.

Bei der ⌂ Schutzhütte und der ✝ Marienkapelle ❹ (km 8,1) befinden Sie sich im ehemaligen Zentrum von Reinarzhof. Der nördliche Rand der Ansiedlung befand sich nahe dem steinernen Kreuz ❺ (km 8,4) links des Weges.

Der Forstweg mündet in eine verkehrsarme Straße, die Sie zum Steinbach (km 9,3) führt. Gehen Sie über die Brücke und dann nach links in den Uferweg.

Etwa 100 m den Steinbach hinauf erkennen Sie undeutlich den Zufluss des Weser-Umflutkanals. Mit Weser, Eschbach und Steinbach haben Sie ein Kunstwerk der Ingenieure vor sich. Die Weser, Namensvetterin des norddeutschen Flusses, entspringt südlich von Ihnen im Hohen Venn und fließt dann für 2 km durch Roetgen in Deutschland. Zurück in Belgien speist der Bach die Wesertalsperre, bevor er bei Liège in die Ourthe fließt. Da die Wesertalsperre eine der wichtigsten Trinkwassertalsperren Belgiens ist, muss das Wasser möglichst rein und bakterienarm sein. Vor Roetgen baute man also einen Kanal, der den Großteil des klaren Weserwassers in den Steinbach leitet. Über den Eschbach fließt alles zurück in die Weser. Und was ist mit dem restlichen Wasser, das die Weser durch Roetgen trägt? Das wird größtenteils am Ortsrand durch einen Kanal in den Grolisbach in Deutschland geleitet. So ist die Weser nur noch ein Rinnsal, wenn sie zurück nach Belgien gelangt.

Am Steinbach

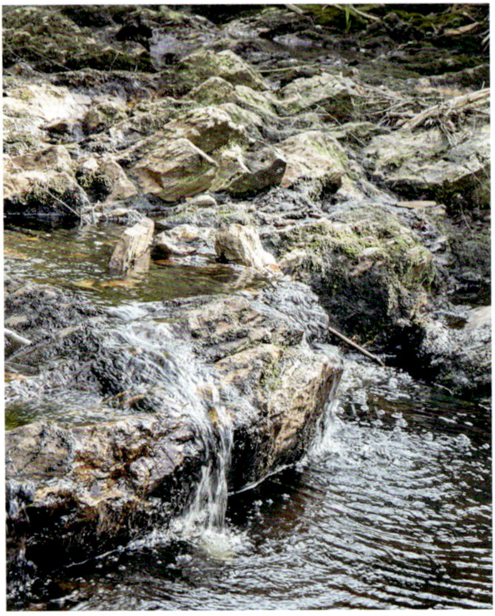

Der Steinbach macht seinem Namen alle Ehre, auch Ihr Weg verläuft über Wurzeln und Felsen, oft sehr nahe am Ufer entlang. ✋ Bei km 10,7 müssen Sie für 20 m besonders aufmerksam sein, da das Ufer hier leicht unterspült ist.

Dann gelangen Sie wieder zum Zusammenfluss von Eschbach und Steinbach (km 11,1). Bleiben Sie dieses Mal auf dem breiten Forstweg, der in etwa 50 m Entfernung zum Ufer des Eschbaches verläuft. Die Markierung leitet Sie zuverlässig.

Sie überqueren einen Bach mit zwei Schritten, dann noch einen Bach 100 m weiter, bevor Sie bei km 12,1 nach rechts einem breiten Waldweg folgen. Dieser quert bald eine Forststraße und verläuft weiter im Wald.

Ein Holzsteg führt Sie über einen Bach (km 12,4) und Sie gelangen schließlich zurück auf die Forststraße, die Sie über die Weserbrücke leitet. Dann gehen Sie geradeaus weiter und beenden die Tour am Schützenheim.

❸ Zum Schieferstollen von Recht

Tour für Naturliebhaber und Familien

Wenn es im Sommer heiß wird, ist genau die richtige Zeit für diese Wanderung. Tiefe Wälder bieten Schatten, Heidelbeeren erfrischen Sie im Vorbeigehen. Wenn Sie sich zudem den Schieferstollen ansehen, ist eine Abkühlung gewiss: Erfrischende 7 °C erwarten Sie dort. Aber auch im Winter ist es hier schön. Dann können Sie große Teile der Wanderung auf Langlaufskiern gehen.

Start/Ziel: Parkplatz vor dem Biermuseum, Rodt, GPS N 50°17,861' E 006°03,760'

12,2 km

ca. 3 Std. 30 Min.

246 m/246 m

459-584 m

Knotenpunkte (KP) 38, 93, 48, 29, 68, 49, 80, 19, 36, 69, 50, 67, 9, 16, 94, 93, 38 (☞ Reise-Infos, Wanderinfrastruktur)

zumeist ebene Forstwege im Wald

Restaurant Biermuseum am Start/Ziel, Snacks und Getränke im Kassenbereich des Schieferstollens (km 4,1)

Bänke bei km 3,4 und km 10,4

WC im Schieferstollen Recht (km 4,1)

Der Museumsshop bietet Snacks und Getränke an.

Für naturbegeisterte Kinder ist der Waldlehrpfad zu Beginn interessant. Das Highlight ist mit Sicherheit eine Besichtigung des Schieferstollens. Planen Sie dafür genug Zeit ein – und nehmen Sie dicke Jacken mit, es wird frisch unter Tage!

Bis auf kleine Schikanen (km 4,1 und km 6,2) birgt der Weg keine Schwierigkeiten.

Der Weg ist für Hunde gut geeignet. Es gibt aber wenige Möglichkeiten zu trinken, nehmen Sie daher ausreichend Wasser mit.

Sie überqueren zweimal die N675 (km 7,5 und km 10,6).

Parkplatz am Start/Ziel

nur Schulbusse

Das Knotenpunktsystem funktioniert für diese Wanderung gut. Einzelne erklärungsbedürftige Stellen finden Sie im Text.

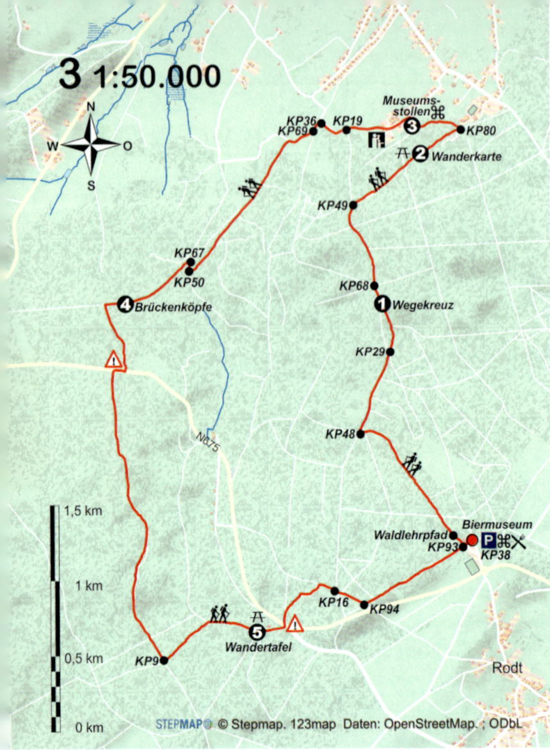

Nahe dem Eingang zum ⌘ ✕ ☕ Biermuseum finden Sie den KP38. Einmal quer über den Parkplatz gelangen Sie zum KP93.

⌘✕☕ Biermuseum-Skihütte Rodt, Restaurant und Ausstellungsraum, Tomberg 77, 4780 Rodt, ☏ +32/(0)80/22 63 01, 💻 www.biermuseum.be, Küche Mi-So 12:00-20:30, Spezialität heißer Stein, im Winter Verleih von Langlaufskiern, Kinder willkommen, Spielplatz am Restaurant, kleine Hunde im Gastraum erlaubt

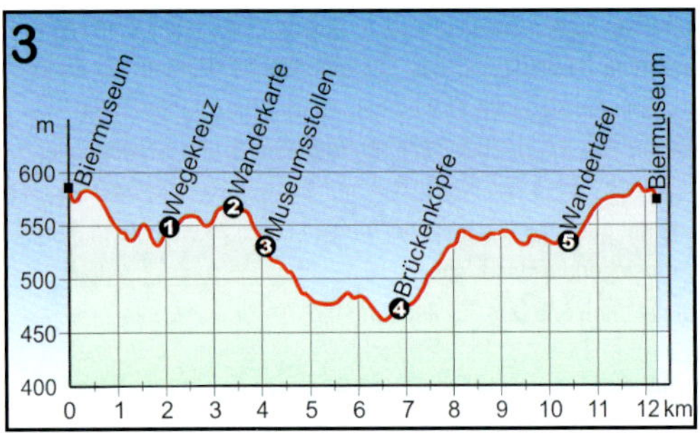

Über den Waldlehrpfad wandern Sie zu KP48 (km 1,2) und dann zu KP29 (km 1,8). Inzwischen umgibt Sie tiefer Ardennenwald. Sie folgen einer sanften Linkskurve und überqueren einen breiten Forstweg. ✋ Hier fehlt eine Markierung. Gehen Sie weiter geradeaus. Bei km 2,1 finden Sie rechts ein zierlich gearbeitetes Wegekreuz aus Schiefer ❶.

Sie passieren KP68, gehen trotz fehlender Markierung bei den beiden nächsten Abzweigen geradeaus (bei km 2,5 und km 2,7) und erreichen dann von tiefem Wald umgeben KP49 (km 2,8). An der Hangkante oberhalb von Recht haben Sie immer wieder einen schönen Blick ins Tal.

Bald wird der Fichtenforst um Sie herum höher und Sie gelangen zu einer Bank neben einer Wanderkarte ❷ (km 3,4). Nach rechts zweigt ein etwas zugewachsener Weg zu einem verschlossenen Stolleneingang ab.

„Kritzer on Schwengsträäch haan d'Reeter ant Bru't jeha'le" – Kreuze und Schweinetröge haben den Rechtern das Brot gesichert, hieß es im Dorf. Dorthin kamen um 1730 Tiroler Steinhauer und begründeten den Schieferbergbau. Für die Bevölkerung wurde dies ein neuer Broterwerb neben der Landwirtschaft. Tischplatten, Baumaterial, Viehtränken und Steinkreuze aus Blaustein – wie Schiefer auch genannt wurde – brachten Wohlstand nach Recht. Später fertigte man auch Dachschiefer, den man aus dem Schieferstollen gewann, vor dessen oberem Eingang Sie nun stehen. In Kürze erreichen Sie das Museum mit einem weiteren Stolleneingang, der für Ihren Besuch geöffnet ist.

Nach der rot-weißen Wegschranke finden Sie die nächste Markierung KP80. Richtung KP19 folgen Sie schräg links dem Waldweg bis zum ⌘ Museumsstollen ❸ (km 4,1). Der Weg ist schmal, sollte jedoch mit einem Buggy zu bewältigen sein.

⌘ Schieferstollen Recht, Zum Schieferstollen 31, 4780 Recht, ☏ +32/(0)80/57 00 67, www.schieferstollen-recht.be, Di-So 10:00-17:00, letzter Einlass 16:00. ☺ Sie können das Bergwerk selbst mit einem Audioguide erkunden, Führungen von 1 Std. 30 Min. für Gruppen von 10-20 Pers., bei Gruppen unter 10 Pers. werden € 15 zusätzlich pro Führung erhoben, Führung bitte reservieren. Die Temperatur im Stollen beträgt 7 °C. Als Souvenirs gibt es Trommelsteine und Schatzkästchen, der Stollen ist buggy- und rollstuhlgeeignet, Hunde sind nicht erlaubt. Es gibt Snacks und Getränke an der Kasse. WC

Um das Museum herum verläuft ein gepflasterter Weg bis zur Straße. Zwischen Wohnhäusern öffnet sich immer wieder der Blick auf Recht. In kurzem Abstand erreichen Sie KP19 (km 4,6), KP36 (km 4,8) und KP69 (km 4,9). Der Weg verläuft neben einer Motocross-Strecke, dann tauchen Sie wieder in üppigen Wald ein und erreichen KP50 (km 6,2).

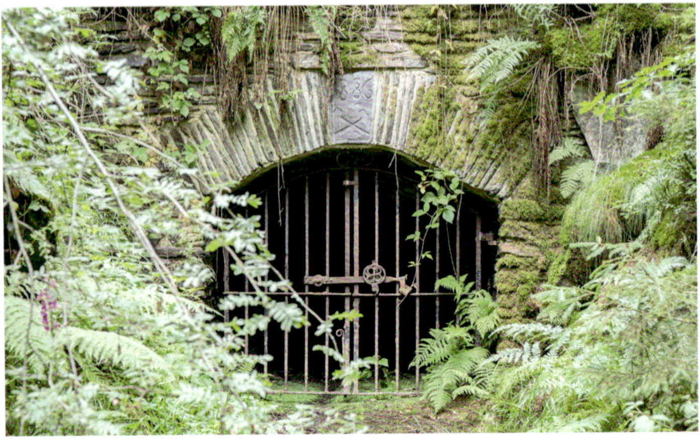

Schieferstollen

Sobald Sie bei der Unterführung unter dem RAVeL angekommen sind (KP67), führt Sie das Wegzeichen steil die Böschung zum Bahndamm hinauf. Das ist mit Buggy etwas unangenehm, jedoch sind Sie nach 10 m erlöst.

Brückenköpfe links und rechts des RAVeL ❹ (km 6,9) zeigen, dass Ihren Weg hier einmal eine Brücke überspannte. Wenige Meter danach führt die Wanderung Sie erneut in den Wald.

Bei km 7,5 erreichen Sie die Landstraße N675. Bitte überqueren Sie diese äußerst vorsichtig. Gehen Sie im Bankett für 70 m nach rechts bis zur Einmündung des breiten Forstweges und dann dort hinein.

Leider fehlt hier die Markierung. Sie gehen geradeaus bergauf Richtung Waldrand. Ihr Weg ist mit einem rot-weißen Sperrschild gekennzeichnet.

Durch Schonungen gelangen Sie zu dichterem Wald. Bald ist die Steigung überwunden und Sie finden weitere Markierungen, die Sie bis KP9 (km 9,6) immer entlang des Wegverlaufs führen.

Der Wegweiser bei km 10,1 ist uneindeutig. Von schräg hinten links mündet hier ein Weg in Ihre Forststraße. Die Markierung weist nach rechts in den Wald. Gehen Sie hier bitte weiter geradeaus.

Bei km 10,4 erreichen Sie eine Picknickbank neben einer Wandertafel ❺. Weiter geradeaus kommen Sie nun an einem Pumpenhaus vorbei. Eine geteerte Zufahrt führt Sie hinauf zur Landstraße N675. Bitte überqueren Sie die Straße vorsichtig. Leicht links nehmen Sie die Einmündung mit einem Sperrschild (km 10,7). Die Markierung fehlt.

Am ersten Abzweig gehen Sie nach rechts und bei nächster Gelegenheit wieder nach rechts. Sie laufen auf eine private Hütte zu. Daran vorbei finden Sie die nächste Markierung Richtung KP16. Am KP16 wechseln Sie auf einen Grasweg und queren 60 m weiter die geteerte Forststraße auf einen undeutlichen Trampelpfad zu.

Mit Kinderwagen sollten Sie hier nach rechts und bei erster Gelegenheit wieder nach links gehen. Nach 400 m, bei KP94, befinden Sie sich wieder auf dem normalen Wanderweg.

Auch der Trampelpfad endet bei KP94 (km 11,4). Mit Blick auf ein Windrad erreichen Sie wieder das Biermuseum und beschließen hier die Wanderung.

Wegimpression

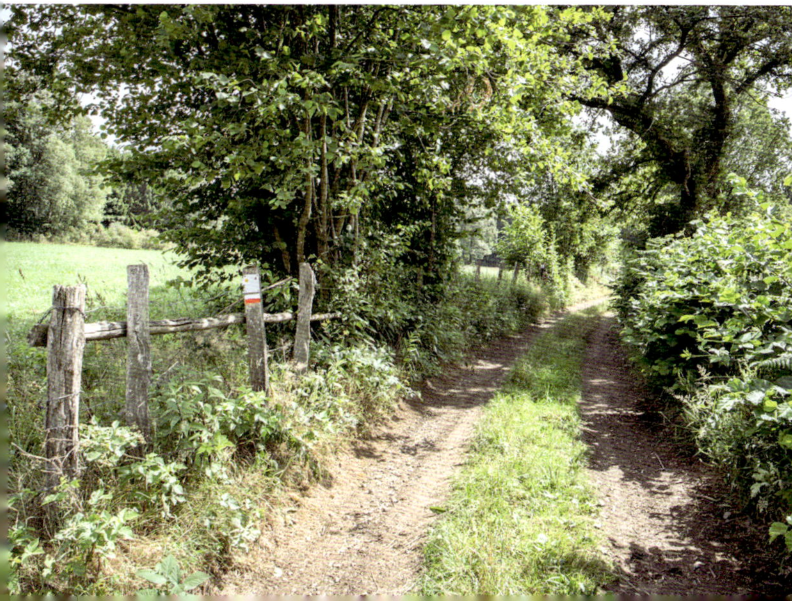

④ Der Schmetterlingsweg bei Schönberg

Tour für Naturliebhaber und Familien, auch mit Kinderwagen

Der Schmetterlingsweg macht seinem Namen alle Ehre. Im Frühling und Sommer werden Sie von unzähligen Faltern umflattert. Die Blumenwiesen, eine liebliche Flusslandschaft und typische Eifeldörfchen sorgen für eine wohlige Stimmung. Genießen Sie diese ruhige Wanderung.

Start/Ziel: am Parkplatz neben der Kirche, Schönberg, GPS N 50°17.369' E 006°15.840'
11,7 km
ca. 3 Std. 30 Min.
285 m/285 m
422-569 m
ohne Markierung bzw. Knotenpunkte (KP): 1, 6, 29, 26, 62, 74, ohne KP, 59, 51, 6, 1 (☞ Reise-Infos, Wanderinfrastruktur)
weite Strecken über ebene Wanderwege, durch die Dörfer auf Bürgersteigen oder ruhigen Nebenstrecken, selten über holprige Pfade
zwei Restaurants in Schönberg
ca. jeden Kilometer Rastmöglichkeiten
Lebensmittelgeschäft in Schönberg
Viel Natur will hier erkundet werden und unzählige Schmetterlinge gibt es auch zu sehen. Nehmen Sie für jüngere Kinder das Buch „Die Raupe Nimmersatt" mit.
Tragestelle über zwei Brücken (km 2), meistens einfache Wege
kein Problem für Ihren Hund
Die ersten und letzten 500 m führen an der Hauptstraße entlang. Diese müssen Sie auch überqueren.
Parkplatz am Start/Ziel
nur Schulbusse
Der Weg kann bei km 5 abgekürzt werden. Die verkürzte Wegstrecke ist dann 9 km lang.

Von der Kirche aus führt Sie der Weg zunächst rechts über die Ourbrücke durch das Dorf Schönberg. Am Lebensmittelgeschäft vorbei wechseln Sie auf dem Zebrastreifen auf die andere Seite der Karl-Friedrich-Schinkel-Straße.

Gegenüber dem Lokal ✕ ☕ Zum Burghof gehen Sie am ✝ Marienhäuschen, einem gelben und dann einem weißen Wohnhaus vorbei.

Hopper Shop Lebensmittel, Karl-Friedrich-Schinkel-Str. 1a, 4782 Schönberg, ☏ +32/(0)80/33 80 33, hopper-shop.eatbu.com, Mo 7:30-12:30 und 13:30-18:30, Mi-Fr 8:00-12:30 und 13:30-18:30, Sa 7:30-16:30

✕ ☕ Zum Burghof, Karl-Friedrich-Schinkel-Str. 11, 4782 Schönberg, ☏ +32/(0)80/54 81 59, www.burghof.be, Di 17:00-22:00, Mi-So 11:00-22:00, Küche 12:00-14:00 und 18:00-20:30, letzte Juniwoche bis Mitte Juli geschlossen, bitte reservieren, Trinkflaschen können aufgefüllt werden, Kindergerichte vorhanden, Hunde in der Gaststube willkommen

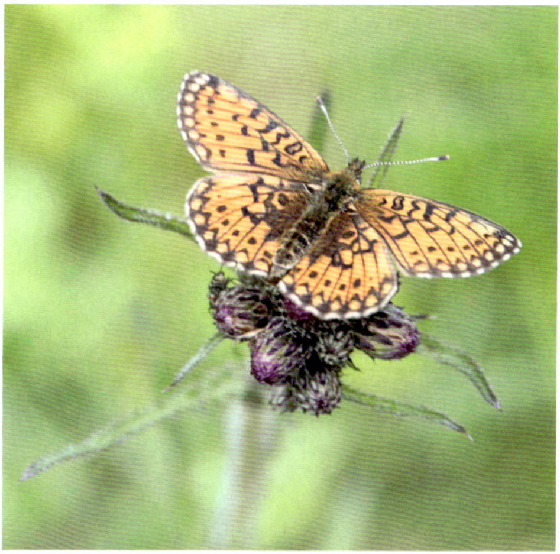

Auf diesem Wegstück werden Sie von Schmetterlingen begleitet

Bei KP1 (km 0,5) überqueren Sie erneut die Karl-Friedrich-Schinkel-Straße. Dann gehen Sie in die Straße Am Weberbach, die Sie entlang des Kleinweberbaches aus dem Dorf herausführt. Blumenreiche Wegränder und Schmetterlinge begleiten Sie nun. An der nächsten Gabelung (KP6, km 0,9) wandern Sie nach links. Der Asphalt endet, nachdem Sie am geschlossenen Campingplatz Waldecho vorbeigelaufen sind. Bis Sie den Kleinweberbach bei km 2 auf einem Holzsteg überqueren, haben Sie ein gutes Stück durch den Uferwald über einen ebenen Wurzelpfad zurückgelegt. Eine weitere Brücke (KP29) über einen Zufluss zum Kleinweberbach überschreiten Sie 20 m weiter.

Beide Brücken sind nicht kinderwagengeeignet. Hier müssen Sie zu zweit anpacken.

Geradeaus steigt der Weg steil an und Sie gelangen nach 50 m auf einen Forstweg, dem Sie rechts immer entlang des Baches folgen. Dann knickt der Weg nach links ab und Sie gelangen zu einer ⛼ Bank an einer Gabelung (KP26, km 2,5). Hier gehen Sie nach rechts und bleiben weiter auf dem Weg, der neben dem Bach entlangführt.

Bei km 3,9 haben Sie gerade eine große Steigung überwunden und befinden sich nun am Knieberg. Hier nehmen Sie rechts einen grasbewachsenen Feldweg, der hinunter zur Brücke über den Kleinweberbach führt. Über die Brücke und dann geradeaus verlassen Sie das Tal durch hohe Fichten, zu deren Füßen Ameisen Bauten angelegt haben. Bei km 4,3 passieren Sie eine ⛼ Bank.

Der Forstweg ist nun asphaltiert und Sie treten aus dem Wald heraus. Bergab laufen Sie zwischen Mähwiesen und tanzenden Schmetterlingen und kommen zu einer ⛼ idyllisch gelegenen Bank neben Fischteichen ❶ (km 4,9). An der nächsten Verzweigung befindet sich KP62 (km 5). Scharf nach links führt ein Forstweg an einer ⛼ Picknickbank vorbei den Berg hinauf. Gehen Sie dort entlang.

↳ Falls Sie den Weg abkürzen möchten, gehen Sie 200 m weiter geradeaus bis zum KP51 und dann nach rechts. Ab dort können Sie der weiteren Beschreibung folgen.

Auf der Suche nach den Schmetterlingen

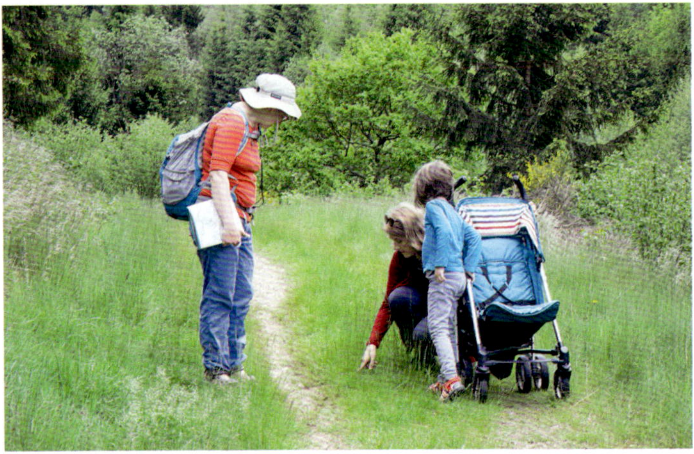

Durch den Uferwald sehen Sie die Fischteiche und den Grossweberbach. Vorbei am KP74 erreichen Sie einen alten Steinbruch ❷ (km 5,7). Hier finden Sie auch eine Picknickbank.

Weiter am Hang entlang biegen Sie bei km 6 nach rechts ab. Der steil ansteigende Forstweg leitet Sie an einem Pumpenhäuschen ❸ vorbei, das mittlerweile als Schutzhütte dient. Bald auf geteerter Straße gelangen Sie nach Herresbach. Ihr Weg mündet in die Straße Ins Flostal, die Sie bergab durch das Dorf führt. Dabei kommen Sie an vielen Wegekreuzen, Bänken und bei km 7,1 auch am Dorfbrunnen ❹ vorbei. Gegenüber der Grundschule zweigt rechts die Straße Zum Weberbach ab (KP59, km 7,2), auf der Sie zurück ins Tal laufen, vorbei an einer Aussichtsbank.

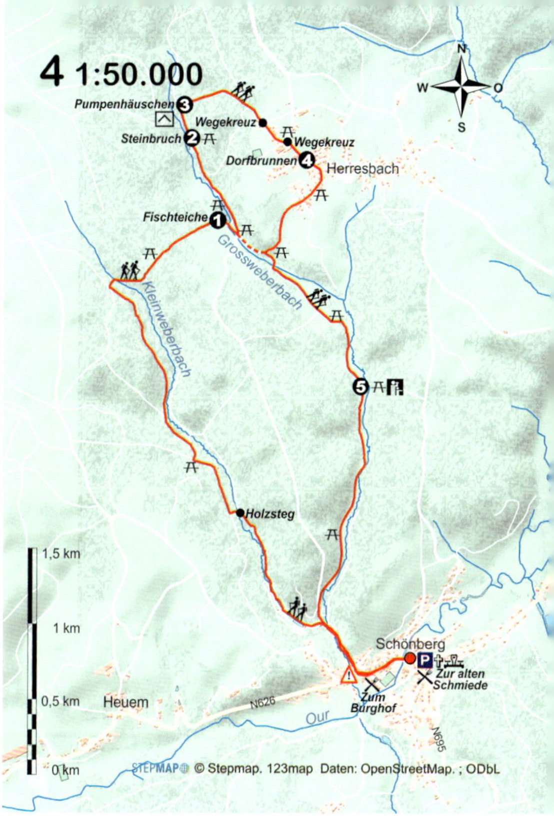

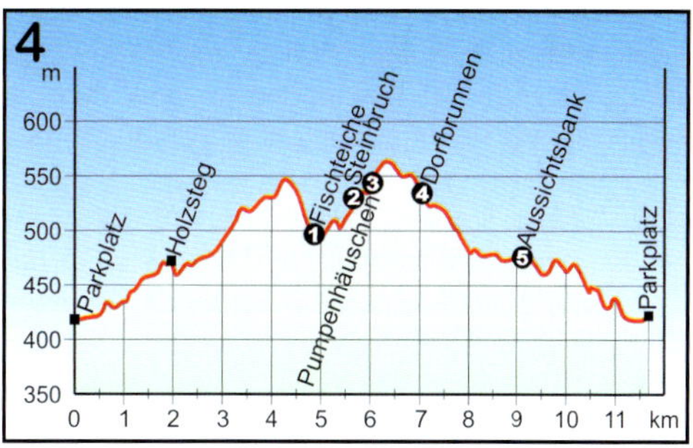

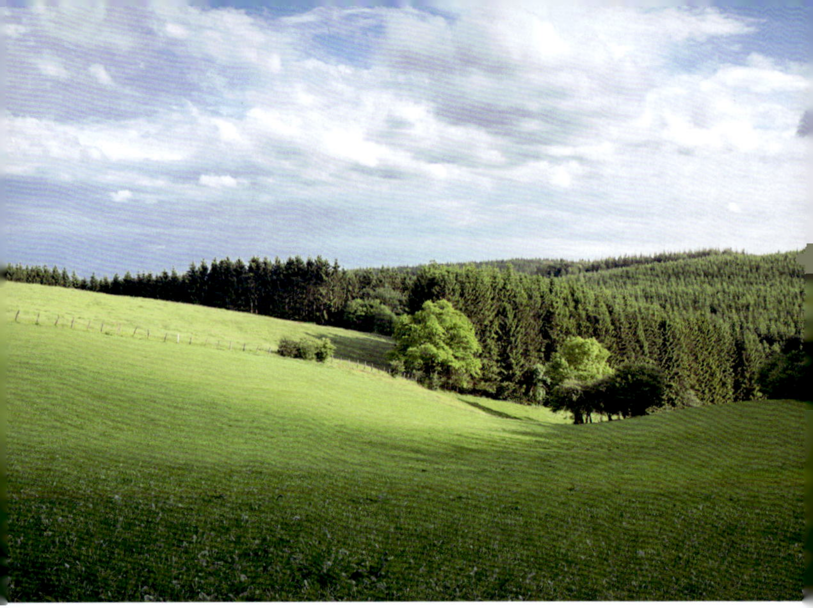

Blick in die Landschaft

An KP51 (km 7,9) wenden Sie sich nach links, überqueren den Grossweberbach und laufen nun immer entlang des Wassers.

☺ Falls Sie den Weg abgekürzt haben, steigen Sie hier wieder in die Wanderung ein.

Unterwegs finden Sie ausreichend Bänke, eine mit besonders schöner Aussicht ❺ (km 9,1). Kurz nach der rot-weißen Wegschranke treffen Sie wieder auf die Weggabelung vom Beginn der Tour (KP6) und erreichen schon bald Schönberg, wo Sie auf bekanntem Weg zur Kirche zurücklaufen.

Zur alten Schmiede, Bleialfer Str. 6, 4782 Schönberg, ☏ +32/(0)80/54 88 25, www.zuraltenschmiede.net, Mi-So ganztägig, bitte reservieren, nasse Kleidung kann für Wanderer getrocknet werden, Kinderkarte mit kleinen Gerichten, Hunde auf der Terrasse erlaubt

5 Durchs Tal des Bayehon und zur Burg Reinhardstein

Tour für kulturinteressierte Naturfreunde und Familien

Diese Wanderung bietet alles: landschaftliche Schönheit, Natur pur, eine Burg, zwei Wasserfälle, das Moor und viel, viel Wald. Dazu noch ein Gasthaus, das Sie nach gelungener Wanderung mit lokalen Spezialitäten und belgischem Bier bewirtet – freuen Sie sich auf einen schönen Wandertag.

Start/Ziel: Parkplatz vor dem Gasthof Le Moulin du Bayehon,
GPS N 50° 27.970' E 006° 05.450'

15,7 km

ca. 5 Std.

555 m/555 m

427-610 m

aufrechtes grünes Rechteck, ohne Markierung, blaues liegendes Rechteck, weiß-rot (GR)

durchgehend schöne Wanderwege, schmale Pfade, Holzstege über Bäche und Moor, nur kurze Strecken über Asphalt

Gasthof Le Moulin du Bayehon am Start/Ziel, Bistro in der Burg Reinhardstein (km 9,1)

im Bayehontal ausreichend Bänke, Picknickbank nahe der Staumauer (km 10)

regionale Spezialitäten und Insektensnacks im Gasthof Le Moulin du Bayehon

Auf dieser Tour gibt es viel lebendige Landschaft. Aber auch ein Staudamm, zwei Wasserfälle und eine Burg wollen bewundert werden. Die Wanderung könnte für jüngere Kinder zu lang sein. Sie lässt sich jedoch prima in zwei Touren unterteilen: zum einen als 8,8-km-Runde durch die Täler von Bayehon und Pouhon mit Start an der Moulin du Bayehon, zum anderen als Runde durch das Tal der Warche (6,1 km). Startpunkt ist dann der Wanderparkplatz an der N681 südwestlich der Staumauer.

Insgesamt sind die Wege zu uneben und schmal für einen Buggy. Sie können jedoch die Moulin du Bayehon, den Wasserfall des Bayehon und die Burg Reinhardstein direkt anfahren. Dort gibt es Parkmöglichkeiten und kinderwagenfreundliche Zuwege.

Hunde finden überall Gelegenheiten zum Trinken. Die Stege sind für Hundepfoten ungeeignet, der Weg durch den Bach ist jedoch durchwegs für Hunde möglich.

Sie überqueren die Route du Bayehon zweimal (km 0,2 und km 5). Die Straße ist ruhig, aber unübersichtlich.

P Parkplatz am Start/Ziel vor der Moulin du Bayehon und bei km 10,2 an der N681 südwestlich der Staumauer (GPS N 50°27.120' E 006°06.460')

Bushaltestelle „Robertville Barrage" (km 10), Linie 845 (Stavelot – Bütgenbach), Mo-Fr zweimal tägl.

Le Moulin du Bayehon, Route du Bayehon 64, 4960 Malmedy-Longfaye, +32/(0)80/77 02 88, www.lemoulindubayehon.be, ganzjährig Mi-So 11:00-18:00, Speisekarte mit lokalen Spezialitäten, über 80 verschiedene Biersorten, Verkauf von Honig, Likören, Brotaufstrichen und Insektensnacks, als Wanderer können Sie hier Wasser auffüllen lassen, kleine Gerichte für Kinder, Pfannkuchen, großes Gelände, auf dem Kinder sich frei bewegen können, Hunde willkommen

Folgen Sie zunächst der Markierung „aufrechtes grünes Rechteck" Richtung „Cascade du Bayehon". Nach 200 m überqueren Sie die Landstraße. Bitte achten Sie auf den Verkehr! Wegen der Kurve werden Sie von Autofahrern erst spät bemerkt.

Der Wegweiser „Cascade du Bayehon" führt Sie zum Wasserfall ❶ (km 1,9). Bis dahin sind Sie – über Holzstege von einer Uferseite des Bayehon zur anderen wechselnd – durch das wunderschöne Flusstal gewandert, immer umgeben von üppiger Natur.

Der Bayehon entspringt im Hohen Venn und fließt in die Warche. Mit der Cascade du Bayehon haben Sie immerhin den zweitgrößten Wasserfall Belgiens vor sich.

Sie erreichen bei km 2 eine breite Schotterstraße, wenden sich nach rechts zur Schutzhütte und finden nun wieder zuverlässig die Wegmarkierung. Über einen schmalen Pfad folgen Sie weiter dem Lauf des Bayehon durch schönen Wald.

Bergauf wandern Sie auf dem Pfad durch Farnkraut, vorbei an einer riesigen Fichte (km 2,2), dann bei km 2,5 über einen Holzsteg durch einen moorigen Wegabschnitt. Nach 100 m erreichen Sie eine Picknickbank. Dahinter finden Sie einen weiteren Steg und eine alte Eiche (le Vieux Chêne) ❷ (km 2,6).

Am Holzschild „Xhoffraix, Longfaye" (km 2,7) gehen Sie einen steinigen Pfad links steil bergauf. Die Markierung kann leicht übersehen werden. Nach ca. 5 m Anstieg befinden Sie sich nun auf Höhe der Vennlandschaft links von Ihnen.

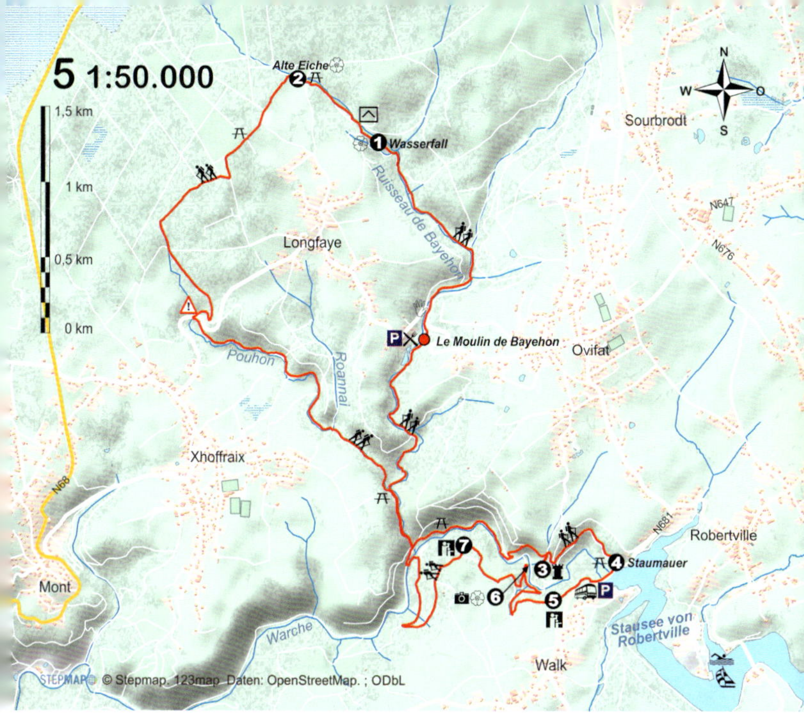

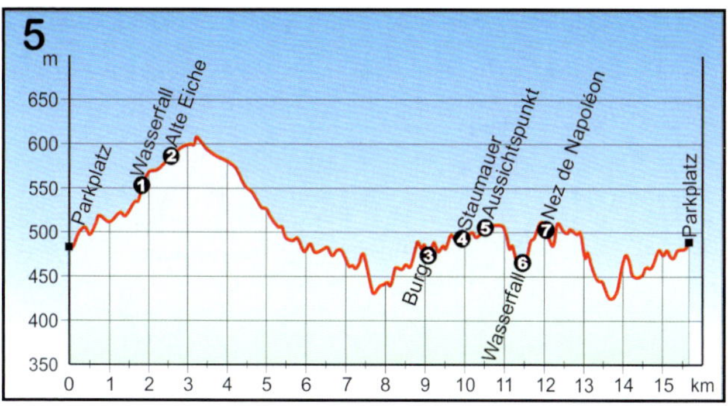

Sie laufen am Waldrand mal über Stege, mal zwischen saftigen Wiesenkräutern, bis sich Weideland anschließt. Bei km 3,2 erreichen Sie eine ⩚ Bank mit schönem Blick über die Landschaft (km 3,2).

Eine breite Schotterstraße leitet Sie nun weiter geradeaus Richtung „Longfaye" für 300 m durch den Wald. Die Markierung fehlt hier, der Richtungswegweiser ist jedoch nicht zu übersehen.

Nach einer Linkskurve wechseln Sie auf einen Forstweg durch Fichtenforst und niedrige Birken, ab hier wieder mit zuverlässiger Markierung. Im Entwässerungsgraben längs des Weges können Hunde trinken.

Auf einem Forstweg erreichen Sie eine demontierte Holzschranke und dann nach rechts die Landstraße (km 5). Achtung! Autofahrer nehmen hier eine scharfe Kurve und rechnen nicht mit Fußgängern. Seien Sie sehr vorsichtig beim Überqueren!

Hinter der rot-weißen Schranke beginnt der Waldweg längs des Ruisseau du Pouhon, immer durch schönen Wald. Bei km 6,6 fließt von links der Bach Roannai in den Pouhon. Hier wechseln Sie über eine Holzbrücke die Uferseite des Pouhon.

Bis Sie bei km 7,3 eine Bank an einer Wegkreuzung erreichen, durchwandern Sie das tiefe Bachtal. An der Bank wenden Sie sich nach rechts – nun ohne Markierung – und folgen wieder dem Bayehon, der zu Ihrer Linken fließt.

Burg Reinhardstein

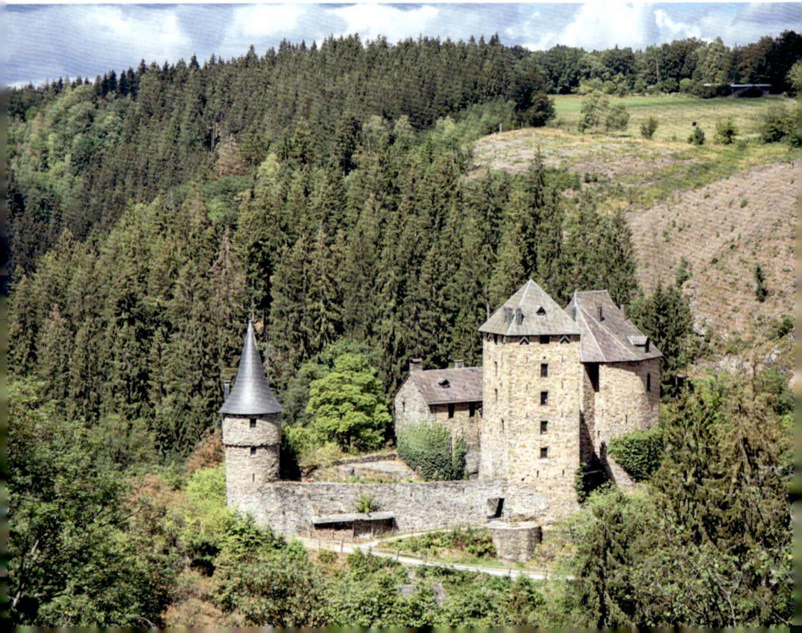

Falls Sie die gekürzte Runde durch die Flusstäler gehen wollen, wenden Sie sich nach links über die Brücke und folgen dem Flussverlauf bis zur Mühle zurück.

Auf dem normalen Weg überqueren Sie kurz vor dem Zusammenfluss von Bayehon und Warche (km 7,7) nach links auf einer Brücke den Ruisseau de Bayehon. Ab jetzt leitet Sie das Wegzeichen „blaues liegendes Rechteck" am Ufer der Warche entlang. Die erste Markierung befindet sich auf der Pfahlrückseite neben der Brücke.

300 m nach der Brücke erwartet Sie ein schöner, schattiger Picknickplatz am Ufer (km 8). Kinder können hier planschen.

Bei km 8,6 führt der Weg bergauf durch eine Rodung. In zwei Serpentinen gelangen Sie zu einem breiten Forstweg und biegen hier nach rechts ab. Dabei haben Sie einen schönen Blick auf Burg Reinhardstein. An der breiten Zufahrtsstraße verläuft Ihr Weg gleich weiter über den Brückensteg. ☺ Zuvor sollten Sie hier nach rechts der Burg ❸ (km 9,1) einen Besuch abstatten.

⌘ Burg Reinhardstein sieht aus, wie man sich eine mittelalterliche Burg vorstellt. Tatsächlich ist fast alles neueren Datums, da die ursprünglich 1354 erbaute Burg nach der Französischen Revolution zerfiel. Erst ein Historiker fand in mühevoller Kleinarbeit heraus, wie die Burg einmal ausgesehen hat, und begann 1969 mit dem Wiederaufbau. Zum Glück! Denn nun können Sie die Burg besichtigen, vielleicht bei einer Führung bei Kerzenschein.

Neben der Burg fällt übrigens mit 60 m Fallhöhe Belgiens höchster Wasserfall zu Tal.

♦ Burg Reinhardstein, Chemin du Cheneux 50, 4950 Ovifat, ☏ +32/(0)80/44 68 68, www.reinhardstein.net, Burgführungen Ostern-Okt Mi 14:30, Sa+So sowie an belgischen und niederländischen Ferientagen 11:00-16:00 stündl., bei Schnee und Eis ist die Burg geschlossen, Erw. € 12, Kinder € 10. ☺ Am Hubertustag und zu Weihnachten finden Feste auf der Burg statt. Verkauf von Käse und selbst gebrautem Bier. In der Burg werden verschiedene Aktionen angeboten, z. B. Bogenschießen, Greifvogelschauen und mittelalterliche Mahlzeiten (bitte voranmelden).

Bistro in der Burg, tägl. 10:30-18:00, kleine Gerichte, Eis und Getränke

Weiter geht es durch den dichten Wald, sodass Sie die nächste Sehenswürdigkeit erst im letzten Moment bemerken: die Staumauer von Robertville ❹ (km 10). Nahe der Mauer steht eine Picknickbank.

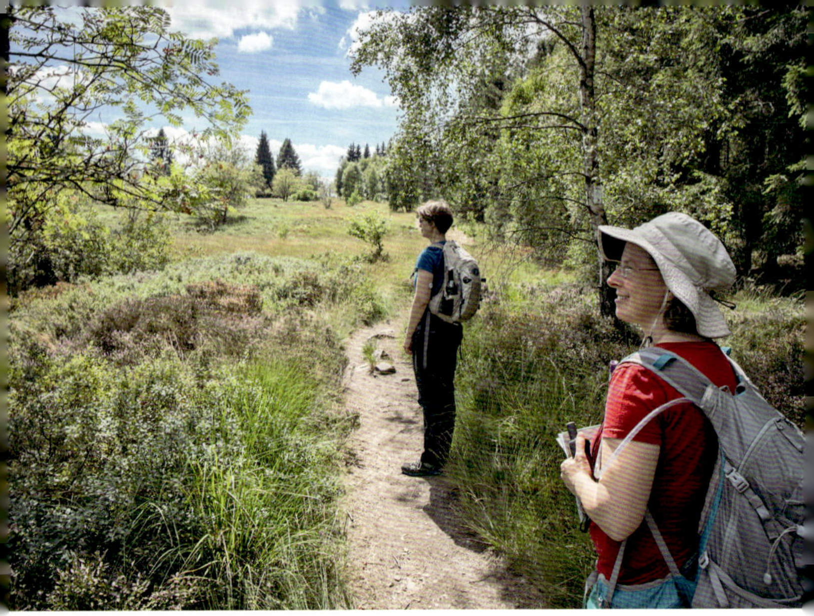

Unterwegs im Tal

↳ Die Straße nach Robertville hinauf finden Sie in 2 km Entfernung den Badestrand und einen Verleih von Tret- und Ruderbooten.

♦ ☏ +32/ (0)80/44 64 75, www.robertville.be, in der Hochsaison Mo-So 11:00-17:00

Über die Staumauer erreichen Sie den P Wanderparkplatz an der N681.

↳ Falls Sie die Wanderung unterteilen möchten, können Sie von hier aus die Runde um Burg Reinhardstein starten.

Vorbei am leider geschlossenen Chalet du Barrage finden Sie die nächste Wegmarkierung. Oberhalb des Warchetals verläuft der sehr holprige Weg am Waldrand entlang.

Zur Seite fällt das Gelände steil ab. Nach Regenfällen kann der Weg zudem matschig und glatt sein. Achten Sie hier daher gerade auf jüngere Kinder.

500 m nach der Staumauer kommen Sie zu einem Aussichtspunkt mit Blick auf die Burg ❺. Nach einer weiten Linkskurve und einer Kehre nach rechts gabelt sich der Weg (km 11). Weichen Sie von der Wegmarkierung ab und gehen Sie bergab Richtung „Reinhardstein" am rechten Bachufer entlang, an der übernächsten Gabelung rechts und dann nach links Richtung „Cascade". Dabei folgen Sie kurz der weiß-roten Markierung (GR). Nach 300 m, nahe dem Ufer, sehen Sie auf der anderen Warcheseite den höchsten Wasserfall Belgiens neben der Burg zu Tal fallen ❻ (km 11,5).

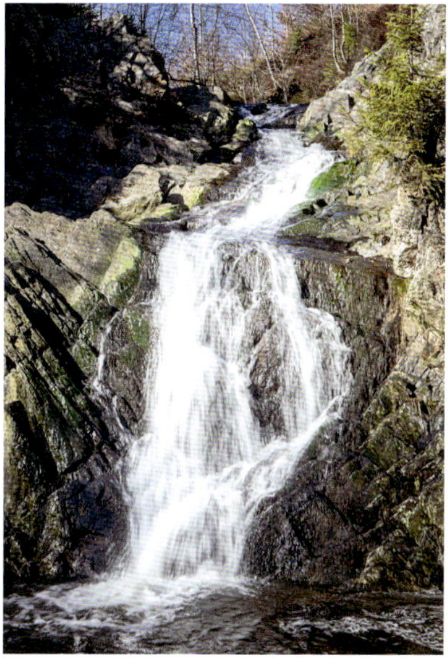

Cascade de Bayehon

Von hier aus gehen Sie bis zur letzten Wegkreuzung zurück, dort nach rechts bergauf und noch einmal nach rechts. Sie gelangen so wieder zur Markierung „blaues liegendes Rechteck" und wandern im weiten Bogen bis zum Ufer der Warche. Dabei passieren Sie den Aussichtspunkt Napoleonsnase (Nez de Napoléon) ❼ (km 12,3).

Durch eine Linkskehre laufen Sie zum Ufer, überqueren die Brücke über die Warche und wenden sich nach rechts. Am Zusammenfluss von Warche und Bayehon gehen Sie wieder den Weg nach links zurück und gelangen zur Bank, die Sie schon von km 7,3 kennen.

Falls Sie die kurze Runde um Burg Reinhardstein laufen, gilt für Sie weiter das blaue Rechteck, das Sie über die Brücke führt. Danach können Sie der Beschreibung ab km 7,7 folgen.

Auf dem regulären Weg folgen Sie immer dem Lauf des Bayehon, wechseln dabei auf Brücken mehrmals die Uferseite und kehren zurück zur Moulin du Bayehon, wo Ihre Wanderung endet.

⑥ Signal Botrange – durch das Hohe Venn

Tour für Naturliebhaber jeden Alters

Das Hohe Venn ist eine der markantesten Landschaften in den Ardennen. Mit dieser Wanderung besuchen Sie zudem den höchsten Punkt Belgiens.

- Start/Ziel: Wanderparkplatz am Aussichtspunkt Signal Botrange, GPS N 50°30.108' E 006°05.595'
- 8,5 km
- ca. 2 Std. 30 Min.
- 120 m/120 m
- 629-699 m
- ohne Markierung
- über Stege durch das Moor, kurze schattige Abschnitte durch Forst
- Signal de Botrange (Start/Ziel), Baraque Michel (km 4,2)
- Bank an der Kapelle Fischbach (km 4,6)
- Beide Gaststätten am Weg verkaufen lokale Spezialitäten, frisches Brot und eigenes Bier.
- Eine Wanderung durchs Moor! Das ist bestimmt für alle Kinder interessant. Der Aussichtsturm am Ende des Weges bildet dabei den krönenden Abschluss. Sie überqueren drei Landstraßen (km 0,1, km 4,2 und km 6,8).
- Es ist zwar nicht unmöglich, die Runde mit einem Kinderwagen zu gehen, jedoch ist der Moorboden oft sehr weich und die schmalen Stege sind ebenfalls nicht für Wagen zu empfehlen.
- Hunde sind im Venn nicht erlaubt.
- Parkplatz am Start/Ziel
- Bushaltestellen „Signal de Botrange" und „Baraque-Michel", Linie 390 (Verviers – Rocherath), Mo-Fr fünfmal tägl., Sa viermal tägl., So dreimal tägl.

Sie gehen zwischen der Gaststätte und der Straße bis zu den rot-weißen Laternen. Dabei kommen Sie bei der Touristeninformation vorbei.

- Touristenbüro, Route de Botrange 133 B, 4950 Botrange, ☏ +32/(0)80/44 73 00, www.lesignaldebotrange.be, Mi+Do 10:00-15:00, Fr-So und belgische Feiertage 10:00-16:00, in den belgischen Ferien zusätzlich Di 10:00-15:00

Brasserie Restaurant Signal de Botrange, Route de Botrange 133, 4950 Botrange, ☏ +32/(0)80/44 78 43, www.lesignaldebotrange.be, Nebensaison Do-Mo, in den Sommerferien tägl. jeweils 11:00-19:00, Mitte Juni bis Mitte Juli geschlossen, feine regionale Küche, Spezialität: Reistarte und Blaubeertarte, Kinder sind herzlich willkommen, Hunde im Gastraum erlaubt

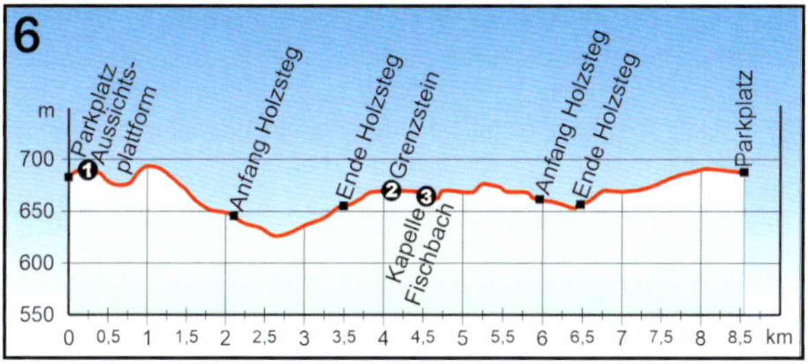

Beim Zebrastreifen überqueren Sie die viel befahrene Straße N676. Bitte geben Sie dabei auf den Straßenverkehr acht.

Vorbei an der rot-weißen Schranke laufen Sie auf eine Aussichtsplattform ❶ (km 0,3) zu. Schautafeln (De) erklären Ihnen die Besonderheiten des Venns.

Nach links gelangen Sie von hier zum nahen Waldrand, wo der Weg leicht nach rechts knickt. Immer mit dem Venn zur Rechten wandern Sie am Waldrand entlang. Auf leicht schwingendem Moorboden gelangen Sie bei km 0,8 geradeaus an ein verschlossenes Tor. Biegen Sie nach links in einen ebenen Waldweg zwischen hohen Fichten ab. An der nächsten Weggabelung wenden Sie sich nach rechts. Sie durchqueren ein Holztor (km 1) und sehen vor sich wieder das Venn. Durchqueren Sie erneut ein Holzgatter (km 1,3).

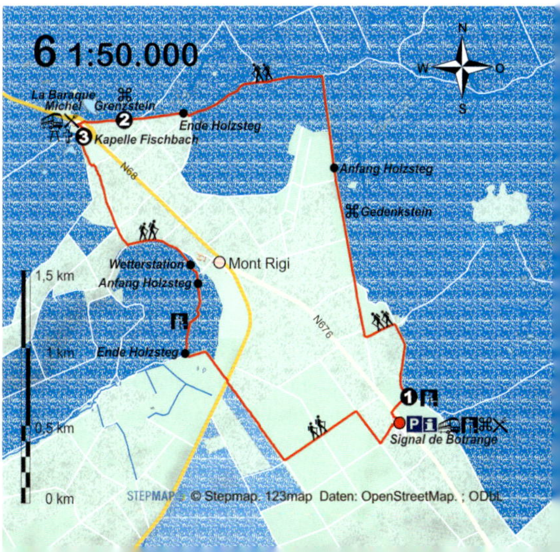

Sie laufen nun am Waldrand entlang, immer geradeaus, und haben dabei einen wundervollen Ausblick ins Moor. Bei km 1,8 steht rechts des Weges ⌘ ein Gedenkstein für einen Förster. Weiter geradeaus beginnen die Stege und Sie sind nun mitten im Naturreservat.

Hier sind Hunden streng verboten! Bitte halten Sie sich zum Schutz der Wildtiere daran.

Unterwegs gibt es immer wieder spannende Informationen auf Infotafeln.

An der T-Kreuzung bei km 2,7 biegen Sie nach links ab. Weiterhin auf Stegen steigt der Weg sanft an. Links schauen Sie in das Moor Les Wés. Beim Abzweig 1 km danach gehen Sie weiter geradeaus. Dann endet nach 60 m der Steg und ein schöner Wanderweg nimmt Sie in Empfang. Sie erreichen einen ⌘ alten Grenzstein ❷, der mit Metallstützen stabilisiert ist. Daneben finden Sie eine Infotafel zu Grenzsteinen und dem Kreuz des Priors (km 4,1), das Sie von hier aus rechts im Moor stehen sehen.

Bei km 4,2 verlassen Sie das Schutzgebiet durch ein Holztor. Sie passieren eine Wanderkarte und ein paar Meter weiter rot-weiße Laternen, wo Sie an einem Fußgängerüberweg die Landstraße N68 queren.

La Baraque Michel, Baraque Michel 36, 4845 Jalhay, ☏ +32/(0)80/44 48 01, www.baraquemichel.com, tägl. ab 9:00, Küche tägl. ab 12:00, Karfreitag und Ostern sowie Ende Aug bis Anfang Sep geschlossen, sehr gute regionale Küche, Spezialitäten vom Wildschwein und Kaninchen, eigene Backstube, Leberpastete, selbst gebrautes Bier, Kinder herzlich willkommen, Hunde willkommen

Auf dem breiten Randstreifen der Landstraße laufen Sie nach links und biegen dann am Ende des Parkplatzes rechts in den Fußweg zwischen Weißdornhecken ein. So gelangen Sie zur ✞ Kapelle Fischbach ❸ (km 4,6) mit Bank und Gedenkstein für die im Moor Ertrunkenen.

Um 1798 baute sich hier der Einsiedler Michel Schmitz eine dürftige Hütte. Er beherbergte verirrte Wanderer und rettete so zahlreichen Menschen das Leben – auch einem Industriellen aus Malmedy, der aus Dankbarkeit die Kapelle und ein größeres Steinhaus zur Beherbergung und Bewirtung errichten ließ. Die Glocke in der Kapelle wurde nun immer bei Dämmerung oder Nebel geläutet und ein Leuchtfeuer im Turm entfacht. So wurden mindestens 125 Menschen gerettet.

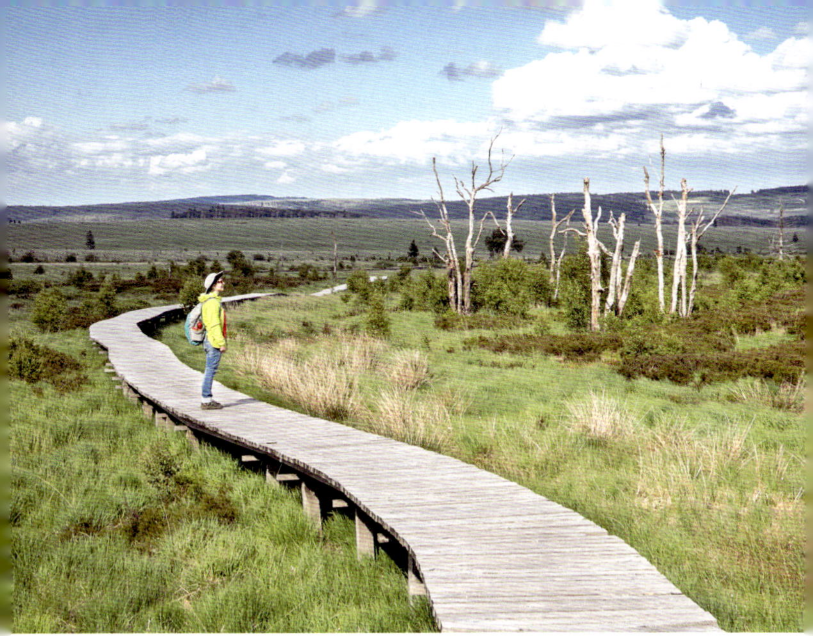

Das Hohe Venn

An der Kapelle wenden Sie sich nach links und laufen nun neben einer Pferdekoppel her. An der T-Kreuzung (km 4,8) biegen Sie nach links und etwa 5 m weiter wieder nach rechts ab. Mit Wald zu beiden Seiten erreichen Sie einen geteerten Forstweg (km 5,2). Weiter geradeaus kommen Sie nach 600 m zu einer Wetterstation.

Hier können Ihre Kinder die aktuelle Temperatur, Windstärke und Windrichtung ablesen.

An der nächsten Gabelung gehen Sie nach rechts und auf Stegen durch das Polleur-Venn. Bei km 6,3 verbreitert sich der Holzsteg. Hier haben Sie einen sehr schönen Ausblick über das Moor. Fieberklee und Knabenkraut blühen längs des Weges. Ein Holzschild weist am Abzweig Richtung Signal de Botrange. Folgen Sie ihm nach links. Der Steg endet sehr bald. Nach einem Linksschlenker und einem Knick nach rechts durch den Wald gelangen Sie zur N68 (km 6,8). Achtung! Die Straße ist viel befahren, Autofahrer sehen Sie erst spät, wenn sie aus der Kurve kommen. Seien Sie auf schnelle Fahrzeuge gefasst.

Auf der anderen Seite laufen Sie auf einem federnden Weg neben den Ausläufern des Moors Neûr Lowé. Fast ohne es zu merken, queren Sie bei km 7,4 den noch jungen Ruisseau de Bayehon. Dann, am nächsten Abzweig, biegen Sie nach links ab. Auf einem Forstweg gehen Sie auf Fichten zu. Sobald Sie in etwa 100 m vor sich eine Wegschranke sehen, biegen Sie nach rechts ab und laufen 250 m am Waldrand entlang.

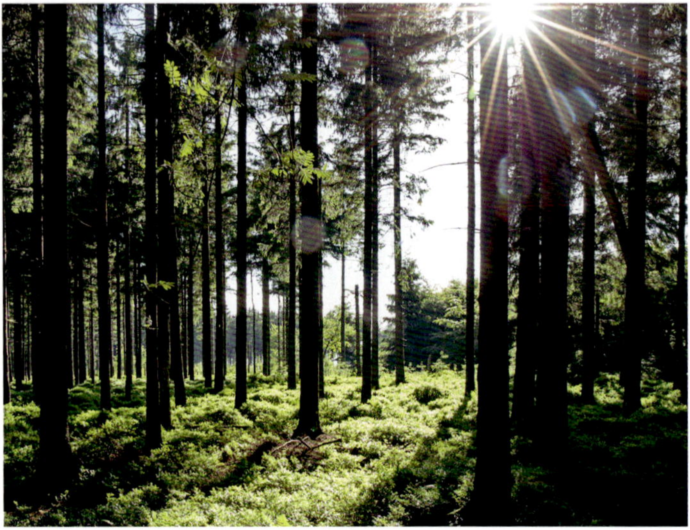

Es geht durch den Wald

An der nächsten Möglichkeit gehen Sie nach links durch den Wald. Hinter der rot-weißen Wegschranke sehen Sie schon den ⌘ Aussichtsturm von Signal de Botrange. Beenden Sie die Tour mit einem Aufstieg auf die Plattform am höchsten Punkt Belgiens.

7 Brückenlauf bei Solwaster

Tour für Liebhaber von Flusslandschaften und Familien

Die Statte ist auf dieser Wanderung Ihre Begleiterin: Sie überqueren den Bach unzählige Male über Brücken und Stege. Durch Wald und Vennheide steigen Sie auf die Felsen oberhalb des Baches. Die beste Jahreszeit für diese Tour? Immer!

- Start/Ziel: vor der Kirche in Solwaster, GPS N 50°31.442' E 005°57.911'
- 8,8 km
- ca. 3 Std.
- 237 m/237 m
- 365-525 m
- blaues Rechteck (Nr. 57)
- im Wald auf schmalen Pfaden und über unzählige Brücken, kurze Strecken auf Forst- und Dorfstraßen
- Restaurant am Start/Ziel
- Picknickbänke (km 0,8 und km 4,6), Schutzhütte (km 5,2), Aussichtsbank (km 6,7), Picknickplatz (km 8,2)
- lokale Spezialitäten bei Le Comptoir du Loup (km 0,1)
- Die Brücken machen den Weg zum kleinen Abenteuer, es gibt viel wilde Natur zu entdecken und bei km 3,8 darf sich jeder mit einem Steinmännchen verewigen. Jüngere Kinder werden bei Steg und Leiter (km 2) und auf dem Bergpfad am Rocher de Blisse (km 6,6) Ihre Hilfe benötigen.
- Auf Rädern ist der Weg nicht zu empfehlen.
- Die Brücken und Stege können für Hundepfoten unangenehm sein. Jedoch ist der Weg durch den Bach fast immer möglich.
- P Parkplätze am Start/Ziel
- nur Schulbusse

Von der Kirche gehen Sie vorbei am Restaurant La Cagna und der Epicerie Le Comptoir du Loup die Rue de Jalhay entlang.

La Cagna, Route de Jalhay 50, 4845 Solwaster, +32/(0)87/47 41 07, www.lacagna.be, ganzjährig Fr-So 11:00-21:00, im Aug zehn Tage geschlossen, gehobene regionale Küche, Tea Room, um Tischreservierung wird gebeten, kleine Gerichte für Kinder, Hunde im Außenbereich willkommen

Le Comptoir du Loup, Route de Jalhay 47, 4845 Solwaster, ☏ +32/(0)87/66 06 46, lecomptoirduloup@gmail.com, ganzjährig Mi-Fr 9:00-19:00, Sa 8:00-19:00, So 8:00-17:00, regionale Produkte, frisches Obst, Brot, Käse und Wurst

Am Linksknick (km 0,2) finden Sie ein Marienbild und, ein bisschen unter Efeu versteckt, die erste Markierung mit dem blauen Rechteck (Nr. 57) sowie eine Bank. Hier biegen Sie nach rechts in die Rue de la Statte ein und verlassen schon bald das Dorf. Zwischen Wiesen mit Kühen und Eseln hindurch haben Sie eine schöne Aussicht auf das Umland.

Sie erreichen erneut eine Bank (km 0,6) und wandern bergab auf eine Kurve zu, wo Sie in den Wald abbiegen. Über eine Betonbrücke gelangen Sie zu einem Picknickplatz mit überdachten Bänken und Schautafeln zu hiesigen Tieren und Pflanzen (Fr/Ne/De).

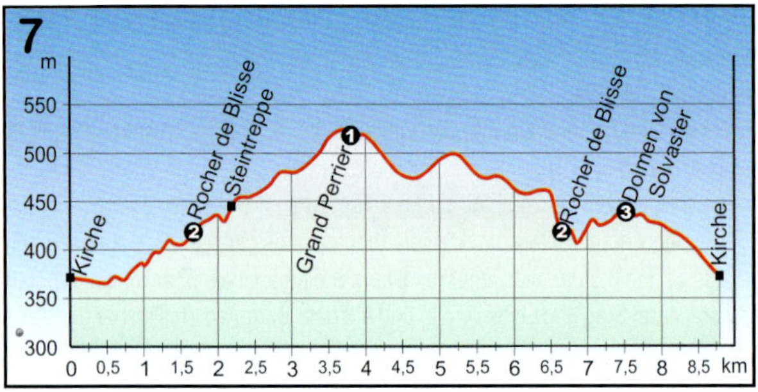

Für Hunde ist die Statte ist ein seichter, gut zugänglicher Bach. Neben den meisten Holzstegen gibt es eine Furt. Die Bachüberquerung ist so auch für Hundepfoten angenehm.

Zuerst breite Waldwege, dann schmale Pfade führen Sie zu Brücken und Stegen. Das Tal wird tiefer. Zwischen Schieferfelsen und Farnkraut wechseln Sie bei km 1,3 erneut die Uferseite und haben nun den Bach auf der rechten Seite. Die Felszacken des Rocher de Blisse kommen ins Bild und Sie erreichen eine Weggabelung (km 1,6). Vorbei am steilen Bergpfad links überqueren Sie erneut rechts die Statte über einen Steg. Entlang der Wegzeichen folgen Sie weiter dem hübschen Uferweg.

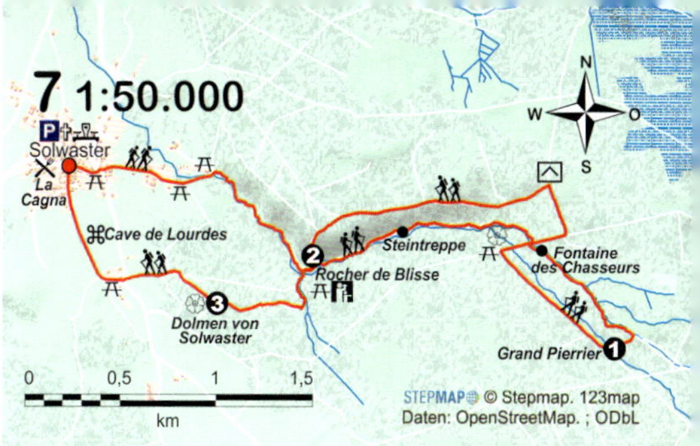

Um das Ufer zu schonen, wurde bei km 2 ein Steg errichtet, der zu einer Leiter führt. Kinder brauchen hier vermutlich Hilfe. Für Hunde ist der Umweg durch den Bach möglich.

Sie entfernen sich leicht vom Ufer (km 2,2). Dann steigen Sie eine Steintreppe empor und kommen zu den Stromschnellen und dem Wasserfall Cascade des Nutons (km 2,7).

Die Nutons sind kleine, feenartige Sagengestalten (☞ Tour 26).

Weiter über den Uferpfad gelangen Sie bei km 2,9 zu einer asphaltierten Straße. Sie gehen nach rechts über den Bach und biegen gleich wieder links in den gut markierten Uferpfad ein. Sie passieren das Wasserloch Fontaine des Chasseurs (Jägerbrunnen) und treten dann aus dem Wald heraus. Ufergrün verdeckt den Bach, der Weg wird von hohem Gras umrahmt. Bei km 3,7 nehmen Sie den Abzweig nach rechts, der mit „Le Pierrier" bezeichnet ist (Markierung fehlt). Auf dem größeren Platz Grand Pierrier ❶ (km 3,8) finden Sie Hunderte Steinmännchen.

Der Pfad leitet Sie nun durch Fichtenforst. Über einen Holzsteg gelangen Sie zur Forststraße, der Sie nach rechts folgen. Diese stößt an einer Bank (km 4,6) wieder auf die geteerte Straße, die Sie nach rechts über die Statte führt. Am Uferpfad vorbei gehen Sie auf der Straße weiter geradeaus.

Sie finden die bekannte Wegmarkierung am nächsten Abzweig nach links (km 5) und folgen ihr nun wieder. Bei einer Schutzhütte (km 5,2) biegen Sie links in eine breite Schotterstraße ein und wandern zwischen Fichten und Laubwald zu einem Infoschild und einer Holztafel „Rocher de Blisse" (km 6,4). Ein schmaler Weg verläuft nun bis zum Bergrand. Ab km 6,6 folgen Sie dem alpinen Wurzelpfad ins Tal und kommen zum Aussichtspunkt Rocher de Blisse ❷ (km 6,7).

Am Fuß des Felsens stehen Sie wieder an bekanntem Ort. Hier wenden Sie sich nach rechts und folgen dem Bach für etwa 50 m, wo Sie über eine Holzbrücke die andere Uferseite erreichen.

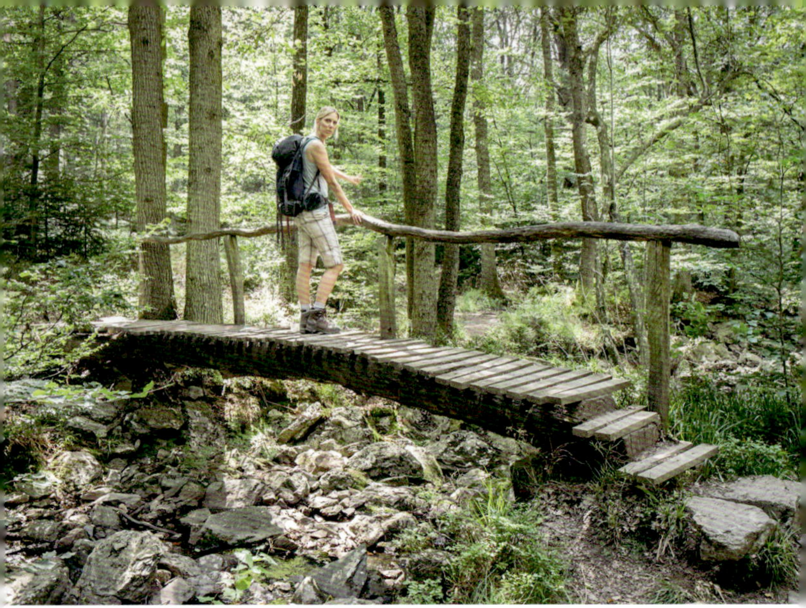

Die Holzbrücke führt über den Fluss

Eine weitere Brücke nach wenigen Metern überwindet einen Zufluss zur Statte. Dann wandern Sie bergauf. Bei km 7,5 erreichen Sie den ❁ Dolmen von Solwaster ❸.

❁ Der Dolmen von Solwaster ist wahrscheinlich ein Pseudodolmen – also kein von Steinzeitmenschen errichtetes Grabmal, sondern eine natürliche Formation.

Geradeaus geht es nun durch Buchenwald, an den sich Viehweiden anschließen. Sie verlassen nun den Wald. Durch die Wiesen führt Sie Ihr Weg zur geteerten Straße (km 8,1), der Sie geradeaus auf die Route des Grands Fagnoux folgen. Ein ⩚ schöner Picknickplatz mit Blick auf Solwaster wird erreicht (km 8,2).

Entlang der Straße können Sie noch einen Stopp beim ⌘ Kalvarienberg Cave de Lourdes einlegen, bevor Sie wieder das Dorf erreichen und bei der Kirche die Wanderung beenden.

8 Burgruine Franchimont

Tour für Familien, Kultur- und Naturliebhaber

Theux hat zwei Gesichter, ein reiches kulturelles Erbe, aber auch die spröde Schönheit der ehemaligen Industriestadt. Zusammen mit der üppigen Natur und einer geologischen Besonderheit – dem geologischen Fenster von Theux – ergibt das eine abwechslungsreiche Wanderung. Sie lieben Burgen? Die Burg Franchimont gibt es auf dieser Wanderung als Sahnehäubchen dazu!

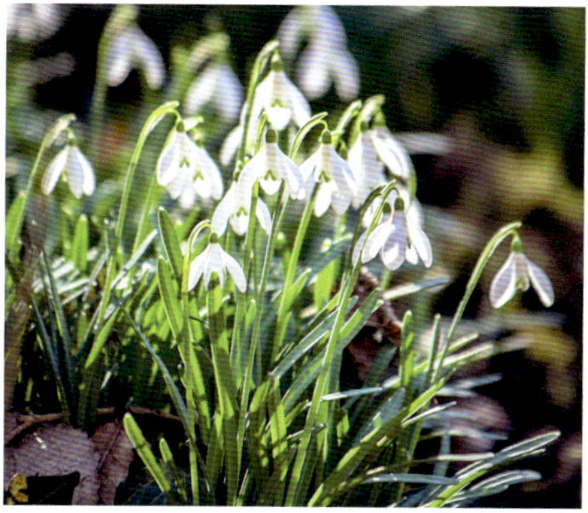

Wegimpression

Start/Ziel: am Parkplatz hinter dem Touristenbüro, Theux, GPS N 50°32.150' E 005°48.840'

5,9 km

ca. 2 Std. 30 Min.

197 m/197 m

162-281 m

wechselnde Markierungen, teilweise ohne Markierung

schmale und breite Wanderwege, Wiesenpfade und ruhige Landstraßen, in der Stadt Bürgersteige

Restaurants, Cafés und Imbisse in Theux, La Brasserie de Franchimont an der Burg (km 2,4)

in Theux ausreichend, unterwegs nur selten eine Bank, an der Burg (km 2,4)

Kinder werden Spaß beim Erkunden der Burg haben, unterwegs gibt es eine reiche Vogelwelt. Nehmen Sie daher ein Fernglas und ein Bestimmungsbuch mit.

Für Kinderwagen ist die Runde ungeeignet.

Die Wege sind für Hunde gut geeignet. Denken Sie an ausreichend Trinkwasser. Gleich am Start kann Ihr Hund ein Hundeklo benutzen.

P Es gibt einen Parkplatz am Start/Ziel. Nehmen Sie im Kreisverkehr im Zentrum von Theux die erste Ausfahrt nach der Brücke. Vorbei an den Einkaufsparkplätzen fahren Sie nach rechts und gleich wieder rechts unter der Brücke hindurch. Dort finden Sie Langzeitparkplätze.

Bahnhof Theux, RE 29: Aachen – Spa, von 7:00 bis 21:00 stündl.

Am Start in Theux überqueren Sie die Hoëgne über eine schmale Fußgängerbrücke.

In Theux fließt die Hoëgne eingezwängt zwischen Ufermauern. Sie ist jedoch sonst selten begradigt und hat auf ihrem Weg zwischen dem Hohen Venn und der Mündung in die Weser bei Pepinster viel von ihrer natürlichen Wildheit behalten.

Eine große Artenvielfalt finden Sie hier: Eisvogel und Wasseramsel, Gebirgsstelze und Flusskrebs. Ein „eifriger" Fluss war die Hoëgne ebenfalls einmal. Denn in der Zeit der Frühindustrie wurden hier zahlreiche Wasserräder betrieben. Die so gewonnene Energie wurde unter anderem verwendet, um Korn zu mahlen, Säge- und Hammerwerke anzutreiben und Blasebälge in den Schmieden längs des Flusses zu bewegen.

Geradeaus laufen Sie zwischen Häusern hindurch und eine Treppe hinauf zur Rue de la Station. Rechts befindet sich der Bahnhof, nach links erreichen Sie die belebte N657.

Falls Sie mit dem Zug anreisen, starten Sie hier Ihre Wanderung und wenden sich vor dem Bahnhof nach rechts.

An der N657 nehmen den Gehweg rechts bergauf. Nach wenigen Schritten queren Sie die Bahngleise und eine breite Straße mit Mittelinsel. Hier sehen Sie an einem Mast die Wandermarkierung „grünes Kreuz". Bei km 0,4 erreichen Sie an einem Wegekreuz die schmale Straße Chemin de Pierreuchamps und biegen rechts ab. Steil bergan lassen Sie die letzten Häuser von Theux hinter sich, gewinnen weiter an Höhe und an Ausblick auf die Wiesen rundherum.

An einer Bank (km 0,9) verlassen Sie die Straße nach rechts auf einen Feldweg und betreten durch ein Drängeltor eine umzäunte Wiese. Die Markierung fehlt hier. Laufen Sie geradeaus am Wiesenrand entlang, begleitet von Weißdornhecken.

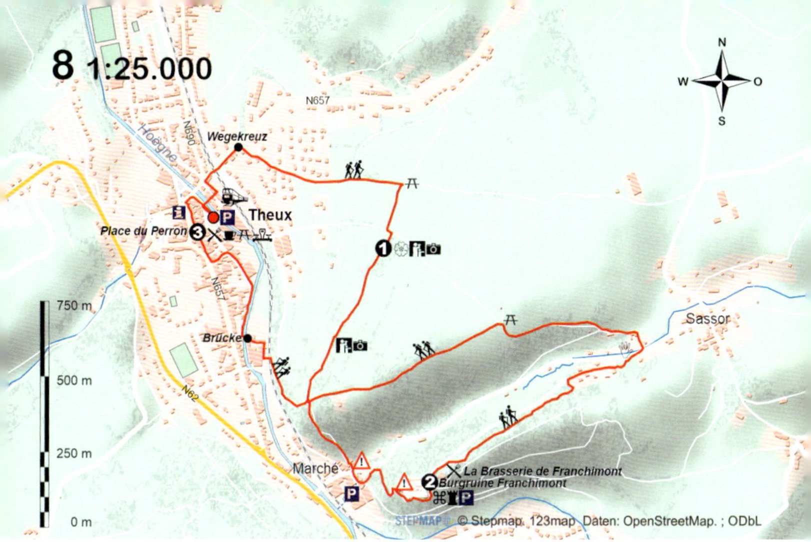

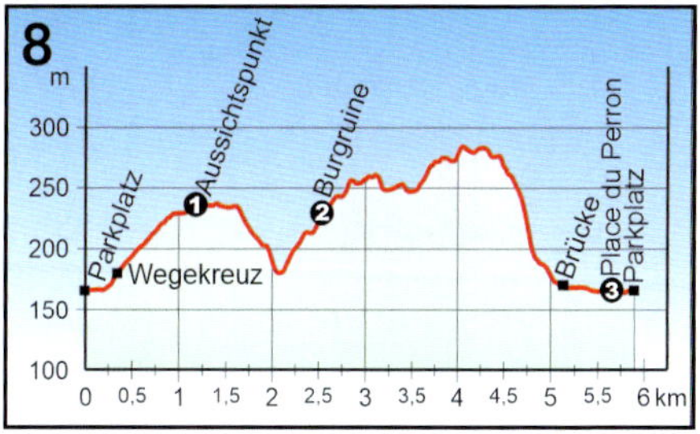

Am Fluss, auf Feldern, auf Wiesen und im Wald leben unterschiedliche Vögel. Wie viele können Sie mit Ihren Kindern entdecken? Bleiben Sie zwischendurch stehen und lauschen Sie. Vielleicht könne Ihre Kinder einzelne Vogelstimmen unterscheiden. Auf der Website des NABU (www.nabu.de) lässt sich herausfinden, wer da singt.

Am Ende der Wiese passieren Sie ein weiteres Tor, gehen wenige Meter nach links bergauf und biegen gleich wieder nach rechts in den schmalen Hohlweg ab. Ab hier ist die Markierung wieder zuverlässig. Sie bewegen sich parallel zum Hang, neben Ihnen grasen Kühe und Schafe. Bald öffnet sich der Blick auf die im Tal liegende Stadt ❶ (km 1,2).

Das Tal vor Ihnen wirkt ein bisschen wie jedes andere Tal, ist jedoch etwas Besonderes: Es ist ein geologisches Fenster. Wie eine Schüssel liegt es im Ardennenmassiv. Hier haben sich vor Urzeiten einmal Gesteinsschichten übereinandergeschoben, sodass ältere Schichten nun über jüngeren Schichten liegen.

Durch Erosion wurde nach und nach die aufgeschobene Deckenschicht abgetragen und das ursprüngliche Gestein kam wieder zum Vorschein. Das bezeichnet man als geologisches Fenster. In diesem Fall findet sich Kalkstein, der ansonsten in den Ardennen – einem Schiefergebirge – ausgesprochen selten ist.

Ein weiteres Drängeltor führt Sie auf einen Graspfad neben einer Schafwiese. Bei km 1,5 haben Sie eine fotogene Aussicht auf Theux und auf die Hoëgne.

Der deutliche Weg verläuft durch lichten Wald und vorbei an alten Hecken. Weitere Drehkreuze führen Sie in tieferen Wald. Dann steigt die Böschung links neben Ihnen steil an, rechts schimmert durch Gebüsch immer wieder der Fluss hindurch. Bei km 1,8 ist der Weg sehr uneben und nach Regenfällen rutschig.

Aus dem Wald heraus laufen Sie nun zwischen einem Haus und einer Hausruine hindurch und dann eine Treppe zur Hauszufahrt hinunter. Hier gehen Sie nach rechts bergab und erreichen bei km 2,1 die Hauptstraße. Gegenüber, ein wenig rechts, sehen Sie P Parkplätze und die Zufahrtsstraße zur Hochschule HELMo Saint-Roch. Überqueren Sie die Straße vorsichtig, es kann starker Verkehr herrschen.

Burgruine Franchimont

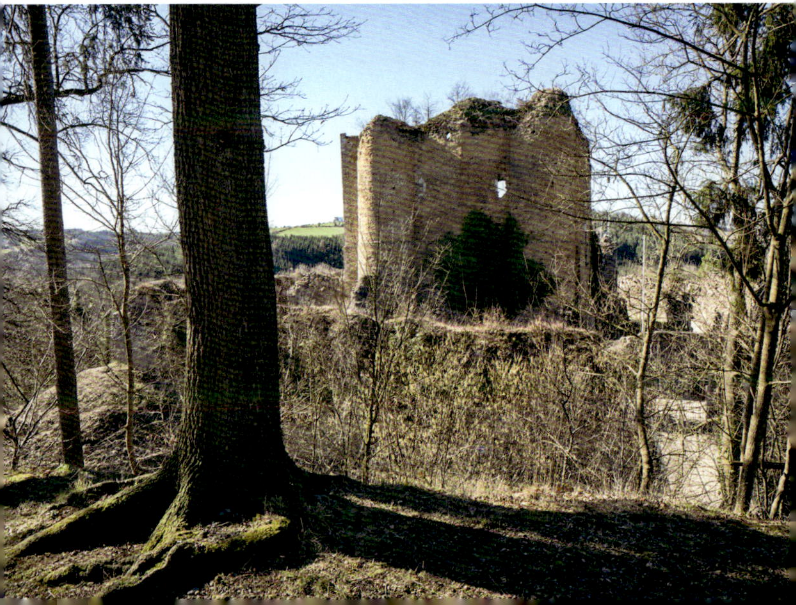

Über die Zufahrtsstraße zur Uni erreichen Sie einen Wanderpfad, der sich gabelt. In beiden Richtungen gelangen Sie zur Burgruine Franchimont. Wählen Sie den 350 m langen Weg nach links. Serpentinen führen Sie durch lichten Wald steil hinauf zum Fuß der Burg (km 2,3). Hier laufen Sie rechtsherum um die Ruine. Es besteht Steinschlaggefahr, da einige Steine lose sind!
Über die Zugbrücke gelangen Sie in die Burg ❷.

♜ ⌘ Die Ruine von Franchimont war einst eine mittelalterliche Burg, vermutlich aus dem 11. oder 12. Jh., und diente als Gefängnis und militärischer Stützpunkt des Fürstentums Lüttich. Nachdem die Burg ab dem 17. Jh. nicht mehr militärisch genutzt wurde, begannen die Bewohner der Umgebung, die Mauern abzutragen und daraus Wohn- und Wirtschaftsgebäude zu bauen. Ein Stückchen Burg können Sie also auch nach der Wanderung besichtigen, wenn Sie durch die Straßen von Theux schlendern.

♦ Burgruine Franchimont, Allée du Château 17, 4910 Theux, ☏ +32/(0)87/53 04 89, www.chateau-franchimont.be, Besichtigung und Museum Mai-Sep tägl. 11:00-18:00, April+Okt Sa+So sowie an belgischen Ferientagen 11:00-17:00, Erw. € 4, Kinder (4-12 J.) € 2,50, Audioguide € 1,50

La Brasserie de Franchimont, Allée du Château 15, 4910 Theux, ☏ +32/(0)87/31 67 81, brasseriedefranchimont@hotmail.com, Mai-Aug Mi-So 11:00-21:00, Sep-April Do-So 11:00-21:00, Spezialitäten: Käsefondue, Tartiflette, Kinderkarte mit kleinen Gerichten, leckere Desserts, Terrasse mit Spielgelegenheit, Hunde in der Außengastronomie erlaubt

Von der Zugbrücke aus nach links und dann nach rechts gehen Sie über den **P** Parkplatz bis zur letzten Parkbucht auf der rechten Seite. Hier zweigt ein Pfad in den Wald ab. Oberhalb der Zufahrtsstraße entgehen Sie so starkem Verkehr.

Nach 600 m geht es steil nach links bergab, dann rechts für 200 m am Fahrbahnrand entlang, bis die Zufahrtsstraße in die Landstraße mündet. Überqueren Sie die Landstraße vorsichtig und gehen Sie dann nach rechts, weiterhin am Fahrbahnrand.

Sie passieren einen schilfbewachsenen Weiher vor ein paar Häusern und biegen nach links auf eine ruhige Straße ab, vorbei an den Häusern. In einer Linkskurve laufen Sie auf die Anhöhe zu einer Bank an einer Wegkreuzung (km 4).

Wählen Sie den äußerst linken Weg, der Sie – mit Blick auf die gegenüberliegende Talseite und die Burg – auf die Anhöhe führt. Sobald Sie den Waldrand erreicht haben, geht es erst sachte, dann zügig bergab. Der Weg macht eine Rechtskurve, wird schmaler und führt Sie parallel zu Bahngleisen und dem Fluss zurück nach Theux.

Bevor Sie die Brücke überqueren, laufen Sie noch unter den Bahngleisen durch einen niedrigen Tunnel (km 5). Er ist etwa 1,50 m hoch und daher nur für kleinere Leute bequem zu durchqueren.

Nun lässt Sie Theux seine industrielle Vergangenheit erahnen.

Durch die Lage am Fluss siedelten sich schon früh Industriebetriebe in Theux an. Es wurde Keramik hergestellt, aber auch Textilien und Stahl. Zeitweise war die Wallonie der reiche Teil Belgiens. Mit dem Niedergang der örtlichen Industrie kehrte sich die Lage um. Inzwischen besitzt das früher arme Flandern eine effektive Landwirtschaft, was den nördlichen Landesteil zu Wohlstand gebracht hat.

Wenn Sie die Brücke gequert haben, wenden Sie sich nach rechts und wandern am Fluss entlang, dann in einem Linksknick ins Stadtzentrum, vorbei an der Feuerwache.

Auf dem Weg nach Theux

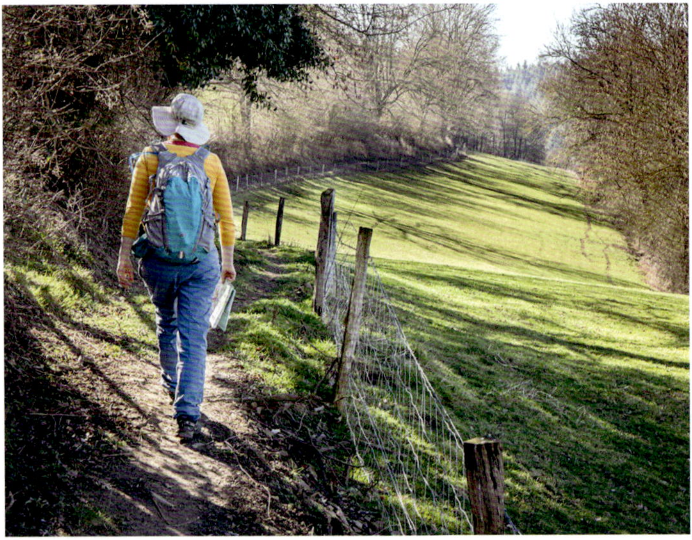

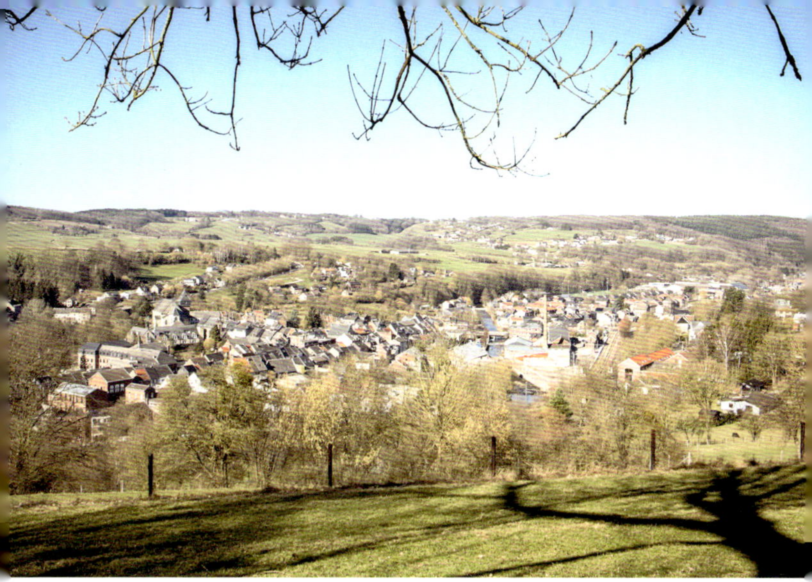

Blick auf Theux

Auf der linken Straßenseite gehen Sie dann in den Fußweg neben zwei grünen Garagentoren und dem Firmenschild „Ecostyle". Über drei Stufen und nach einem Schlenker treten Sie auf die Rue Hovémont. Folgen Sie dem Straßenverlauf auf Gehwegen nach rechts und biegen Sie an der Gabelung in die Rue Hocheporte ein.

Ab hier finden sich zahlreiche Einkehrmöglichkeiten und Geschäfte.

Auf dem Place du Perron ❸ haben Sie das Zentrum von Theux erreicht und erleben dessen Flair mit seinen Straßencafés. Geradeaus sehen Sie bereits den Kreisverkehr.

Touristenbüro, Place du Perron 40, 4910 Theux, ☏ +32/(0)87/53 14 18, www.sitheux.be, Di-Fr 10:00-17:00, während der Schulferien Mo-Fr 10:00-17:00, Sa+So sowie an belgischen Feiertagen 10:00-16:00

Wenige Schritte vor dem Kreisverkehr biegen Sie nach rechts zum Flussufer ab. Noch einmal rechts gelangen Sie zurück zum Ausgangspunkt.

9 Entlang des Ninglinspo

Tour für Familien und Abenteurer

Der Ninglinspo ist der einzige Wildbach Belgiens. Und der schönste selbstverständlich! Auf 3 km Länge überwindet er einen Höhenunterschied von 250 m. Erkunden Sie das wilde Bachtal und freuen Sie sich auf spektakuläre Tiefblicke.

Start/Ziel: Wanderparkplatz in Sedoz, GPS N 50°28.129‘ E 005°44.648‘
5,9 km
ca. 2 Std. 30 Min.
250 m/250 m
169-389 m
blaues Rechteck (Nr. 21), ohne Markierung, gelbes Rechteck (Nr. 20)
schattige Wege entlang des Baches
Gaststätte Le Ninglinspo am Start/Ziel
auf den ersten 3 km ausreichend Bänke, Schutzhütte bei km 4,5
an heißen Tagen im Ninglingspo
Mit jüngeren Kindern lohnt sich die erste Hälfte der Wanderung, wenn Sie planen, am Bach viel Zeit zu verbringen. Mit älteren Kindern können Sie getrost die ganze Runde laufen. Die Aussichtsfelsen werden bestimmt genauso begeistern wie der Bach. Eine Schatzsuche finden Sie in der App www.ovatourisme.be/de/schatzsuche#p.
Der Weg ist für Buggys ungeeignet.
Über die Brücken und Stege werden Hunde nicht gerne laufen, auch der Bergpfad am Ende der Tour ist nicht für jeden Hund geeignet.
Parkplatz am Start/Ziel
Bushaltestelle „Nonceveux Ninglinspo“, Linie 142 (Esneux – Gouvy), Mo-Fr stündl., Sa alle 2 Std.

Neben der Gaststätte Le Ninglinspo startet die Wanderung entlang des einzigen Wildbaches Belgiens. Die Markierung „blaues Rechteck (Nr. 21)“ ist gut sichtbar und zuverlässig. Hier finden Sie auch eine Wanderkarte und Infotafel zum Bach Ninglinspo.

Les Bruyeres – Le Ninglinspo, Sedoz 5, 4920 Sedoz, +32/(0)43/84 44 29, Juli-Aug Sa+So 13:00-19:00, kalte und warme Getränke, Snacks

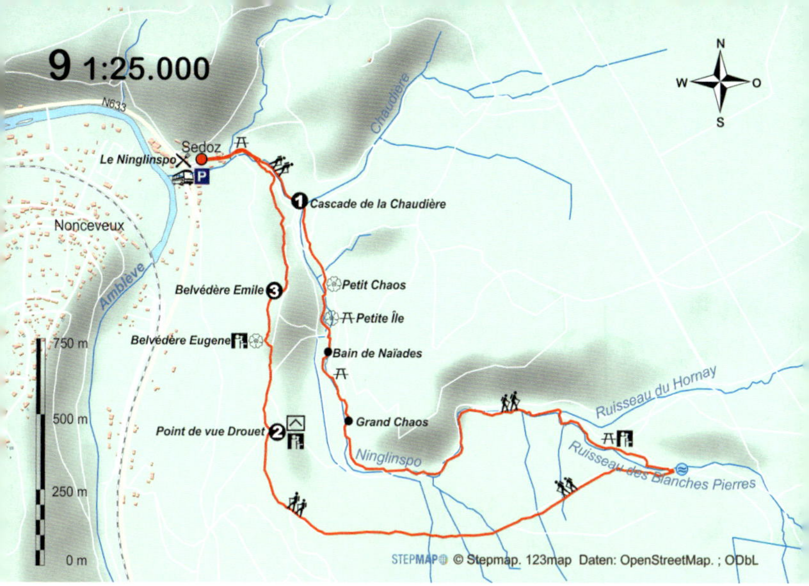

Über einen Holzsteg (km 0,1) queren Sie zunächst den Vieux Chera. Geradeaus kommen Sie an Bänken vorbei, rechts neben Ihnen fließt der Ninglinspo. Nach 100 m überqueren Sie einen Holzsteg und bleiben nun immer auf dem Fußpfad in Ufernähe.

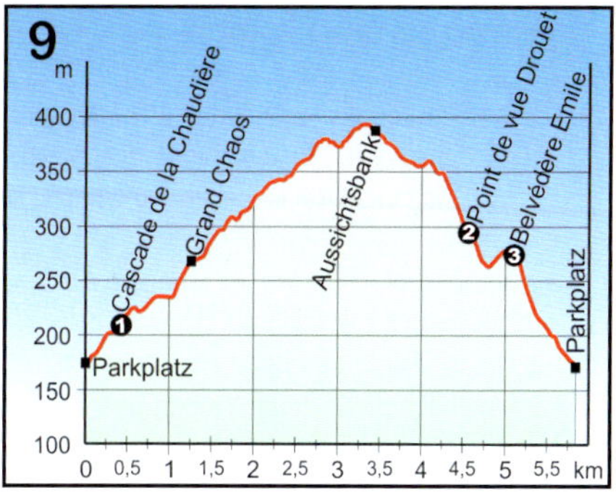

Jüngere Kinder benötigen auf der ganzen Strecke entlang des Baches immer wieder Hilfe.

An heißen Tagen ist das Baden im Bach möglich. Auch Hunde lieben das.

Immer wieder wechseln Sie über Stege die Uferseite und gelangen dann an ein Holzgeländer. Die Chaudière fließt hier in einer kleinen Kaskade in den Ninglinspo ❶ (km 0,4). Sie erreichen eine stabile Brücke und folgen weiter dem Uferpfad.

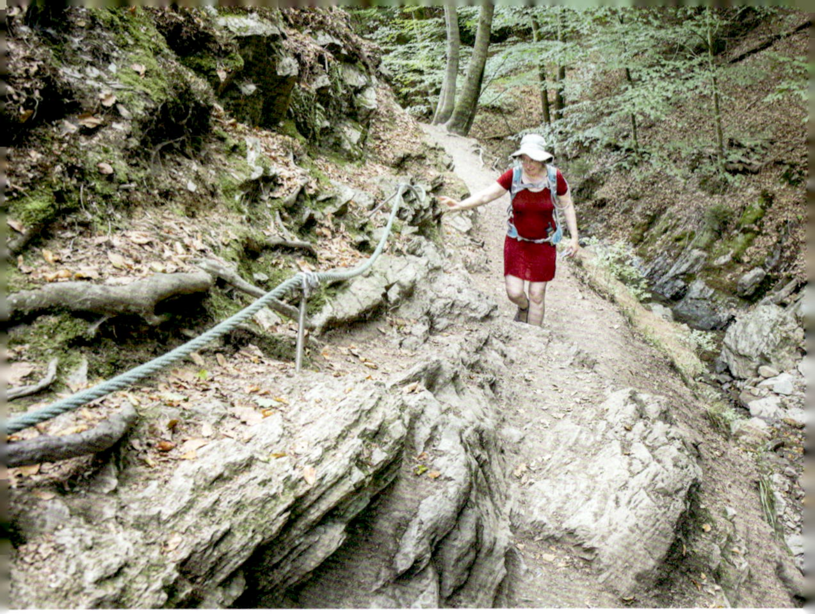

Der Weg ist anspruchsvoll

Kurz endet der schwierige Pfad an einem breiten Forstweg (km 0,6) links neben dem Bach. An einer Furt gehen Sie vorbei und bleiben weiter links des Baches. An einer Brücke haben Sie einen schönen Blick auf die ✿ Bachenge Petit Chaos.

Nun werden Sie immer weniger Ausflüglern begegnen. Inmitten der Bachschleife finden Sie idyllisch im Wald gelegen eine Bank (km 0,9) und blicken auf die ✿ Petite Île, einen Felsen im Bach.

Der Bach fließt durch Rinnen und Becken, von denen viele poetische Namen tragen. Sie wandern am Bain de Naïades und an einem Wasserfall vorbei. Dahinter gibt es einen kurzen Abschnitt mit Seilversicherung. Eine Bank (km 1,1) und immer wieder Brücken und Stege erwarten Sie.

Sie passieren große Quarzitblöcke im Bach, das Grand Chaos (km 1,3). Über Stege und Brücken erreichen Sie bei km 2 erneut einen drahtseilversicherten Pfad. Das Bachtal wird nun fast zur Klamm. Schließlich erreichen Sie, nachdem Sie den Ruisseau du Hornay gequert haben, eine Holztreppe (km 2,3). Hier fließen Ruisseau du Hornay und Ruisseau des Balanches Pierres zum Ninglinspo zusammen. Der Ruisseau des Balanches Pierres ist nun eine schmale Rinne tief unter Ihnen. 100 m weiter kommen Sie zu einer Aussichtsbank.

An einer Brücke und einer Furt (km 2,8) mündet der Uferpfad in einen Forstweg.

Überqueren Sie die Brücke, dann finden Sie nach 30 m rechts einen breiten Waldweg, der Sie ohne Wegmarkierung bergauf führt. Von Laub- und Nadelwald umgeben steigen Sie auf die Anhöhe.

Dann zweigt bei km 4,5 nach rechts ein schmaler Pfad ab und führt Sie zur Schutzhütte am Point de vue Drouet ❷, von wo Sie einen beeindruckenden Rundblick über das Tal und zu den nahen Felsen haben.

Etwa 20 m vor der Hütte zweigt ein schmaler Felspfad nach links ab. Die Markierung „gelbes Rechteck (Nr. 20)" und ein Holzschild „Roches Crahay" weisen den Weg. Der Pfad ist schmal und sehr steil. Sie benötigen hier Trittsicherheit!

Bei km 4,9 erreichen Sie die Roches Crahay mit dem Aussichtspunkt Belvédère Eugene. Entlang der Gratkante und durch einen Sattel gelangen Sie wenig später zum Aussichtspunkt Belvédère Emile ❸ (km 5,1).

Nun fehlen Markierungen. Gehen Sie zurück in den Sattel und dann die steile, von Mountainbikes ausgefahrene Piste hinunter. Unterhalb des Aussichtspunktes wird der Weg wieder angenehmer.

Sie laufen an kleinen Höhlen im Fels vorbei durch den Wald und gelangen schließlich bei km 5,5 zu einem bequemen Forstweg, wenige Meter vom Ufer des Ninglinspo entfernt. Nach links erreichen Sie den Ausgangspunkt und beschließen die Wanderung.

Der Ninglinspo

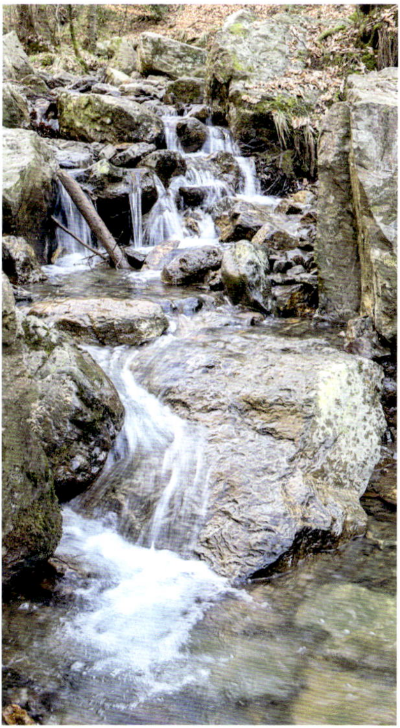

Provinz Namur

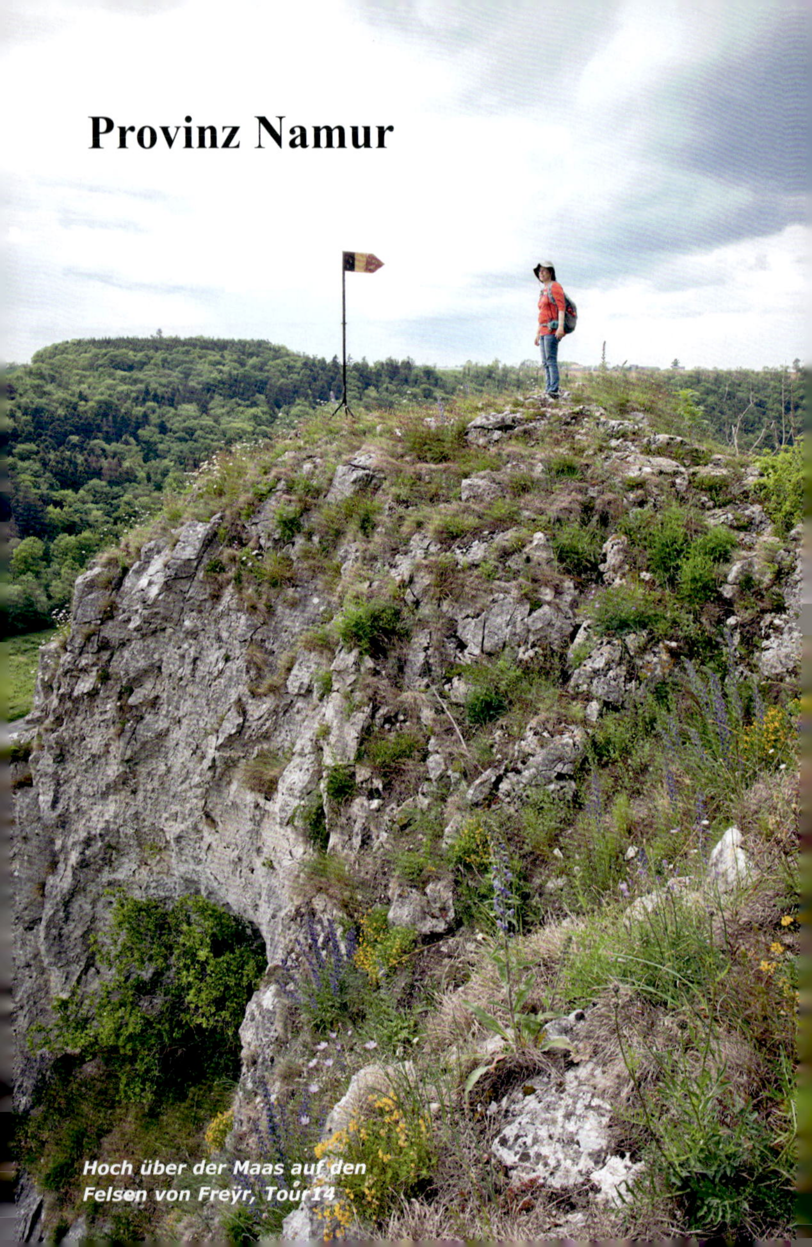

Hoch über der Maas auf den Felsen von Freÿr, Tour 14

10 Entlang der Lesse

✗ ☕ ⊼ WC ✿

Tour für sportliche Familien und Naturfreunde

Natur pur auf einem wunderschönen Weg fernab aller Straßen! Erleben Sie, wo die Lesse am wildesten ist. Denn der Fluss darf hier in einem natürlichen Bett fließen, Wald und Ufergrün sind auf langen Strecken unberührt, sodass Sie nicht nur die Stille, sondern auch eine außergewöhnlich vielfältige Fauna und Flora erleben dürfen.

Freuen Sie sich auf diese zauberhafte Wandertour!

→ Start: Bahnhof von Gendron, zwischen Eisenbahnunterführung und Lessebrücke, GPS N 50°12.677' E 004°57.857'; Ziel: Parkplatz am Bahnhof von Houyet, GPS N 50°11.389' E 005°00.397'

9,1 km

ca. 3 Std.

↑↓ 192 m/187 m

⇧ 110-149 m

weiß-rot (GR 129)

Naturpfade, Leitern und Treppen, meistens gut beschattet im Wald

✗ Restaurant und Friterie in Gare de Gendron (Start)

Bänke gibt es nur in Houyet. Wenn Sie eine Decke mitnehmen, finden Sie bei km 3 und km 6,9 gut geeignete Plätze für ein Picknick.

WC öffentliche Toilette am Beginn der Wanderung neben der Friterie, WC im Bahnhof von Houyet

Haben Sie Ihren Kindern schon einmal einen echten Wald gezeigt? Haben sie schon mal ein Wiesel, einen Fischotter oder den Schwarzstorch gesehen? Und lieben Ihre Kinder abenteuerliche Wege? Dann müssen Sie diese Tour unternehmen! Falls Sie sich entschließen, den Startpunkt mit dem Kajak anzufahren, wird dieser Ausflug unvergesslich. Nähere Infos unter www.dinant-evasion.be.

nicht für Kinderwagen geeignet

nicht für Hunde geeignet

P Parkplätze am Start und am Ziel

Bahnhof Gendron-Celles und Houyet, L: Dinant – Libramont, Mo-Fr stündl., Sa+So alle zwei Std.

Falls Sie die Tour verlängern möchten, können Sie diese Wanderung mit Tour 13 verbinden.

Bei dieser zauberhaften Flusswanderung ist die Wegführung selbsterklärend. Vom Bahnhof Gendron folgen Sie dem Verlauf der Lesse bis Houyet. Das weiß-rote Wegzeichen des GR 129 finden Sie durchgehend. ✕ Am Streckenbeginn gibt es ein Restaurant und eine Friterie.

✕ ☕ Auberge de la Lesse, Gare de Gendron 1, 5561 Gare de Gendron, ☏ +32/(0)82/66 73 02, 💻 www.aubergedelalesse.be, 🚪 während der belgischen Ferien tägl. 8:00-0:00, sonst Mi-So 8:00-0:00, drei Wochen im Jan, eine Woche im Juni und eine Woche im Okt geschlossen, Spezialität Forelle, 👪 Kinder gern gesehen, 🐕 Hunde jederzeit willkommen

✕ Friterie Ô bord de Lesse, Pont de Gendron, 5561 Gare de Gendron, ☏ +32/(0)82/64 55 19, 💻 www.aubergedelalesse.be/o-bord-de-lesse, 🚪 Juni-Aug tägl. 10:00-21:30, Sep-Nov Do-So 10:00-21:30, Dez-Mai Do-Di 10:00-21:30

Hart an der Kante...

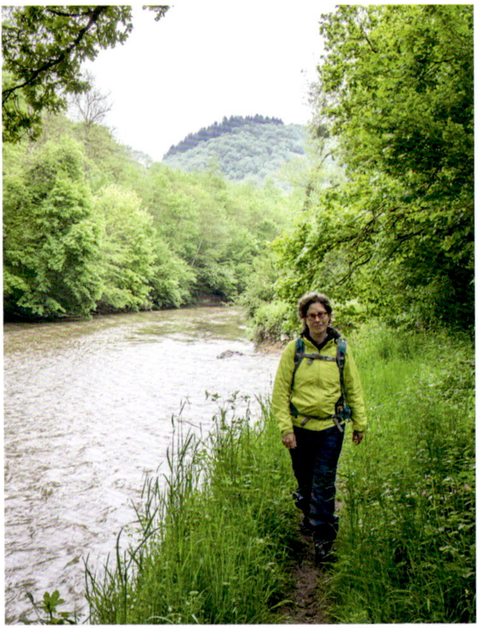

Über die Zufahrt zur Friterie gehen Sie über den Parkplatz, vorbei am öffentlichen WC und dem Kajakverleih, immer mit dem Fluss zu Ihrer Rechten. Die Markierung finden Sie zuverlässig in kurzen Abständen. Auf einem schmalen Weg laufen Sie dicht am Ufer entlang. Bei schönem Wetter sehen Sie hier Kajakfahrer.

Bei km 0,7 steigen Sie einzelne betonierte Stufen hinauf zum Eisenbahntunnel, um nach 50 m eine steile Stiege wieder hinabzusteigen.

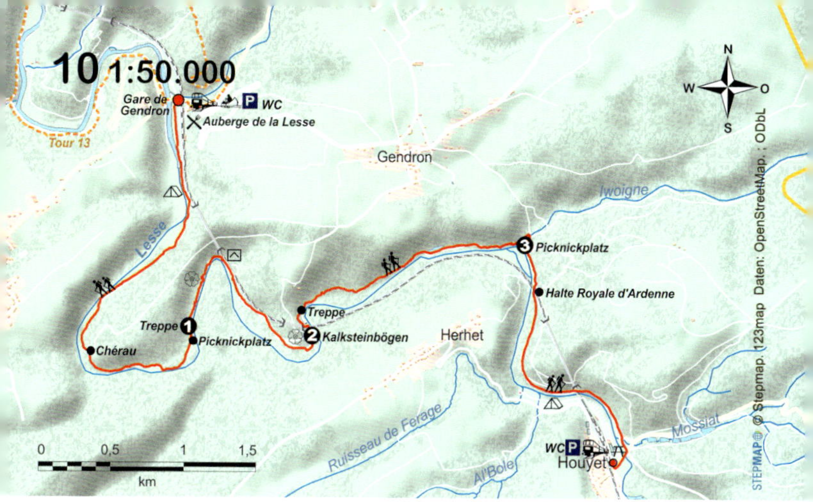

Jüngere Kinder benötigen hier Hilfe. Auf- und Abstieg können nach Regenfällen glatt sein.

Durch den Uferwald sehen Sie am anderen Ufer der Lesse einen Campingplatz. Der Weg entfernt sich leicht vom Ufer und Sie passieren eine Blumenwiese. Der folgende Uferwald beheimatet neben vielen anderen Pflanzen das Wilde Silberblatt, Bärlauch und die Rote Lichtnelke. Sie passieren ein Hinweisschild "Chérau, 110 m", kurz danach müssen Sie achtgeben.

Bei km 2,1 ist Ihr Weg stellenweise unterspült. Bitte geben Sie für 700 m darauf acht, ob Sie dem Untergrund vertrauen können.

☺ Die große Lichtung am Ufer bei km 3 ist ein idealer Picknickplatz für Familien, falls Sie eine Decke mitgebracht haben.

Während des folgenden Anstiegs besteht für etwa 10 m Absturzgefahr. Achten Sie auf mitwandernde Kinder.

Eine steile Treppe mit Geländer ❶ (km 3,2) bringt Sie wieder auf Flussniveau. Dann ragen links neben Ihnen Schieferfelsen mit interessanter Schichtung auf.

Sie treten bei km 3,8 aus dem Wald, werden nun von den Bahngleisen begleitet und laufen an einer Fußgängerunterführung vorbei, die Sie jedoch links liegen lassen. Bei Regen können Sie die Unterführung als Unterstand benutzen.

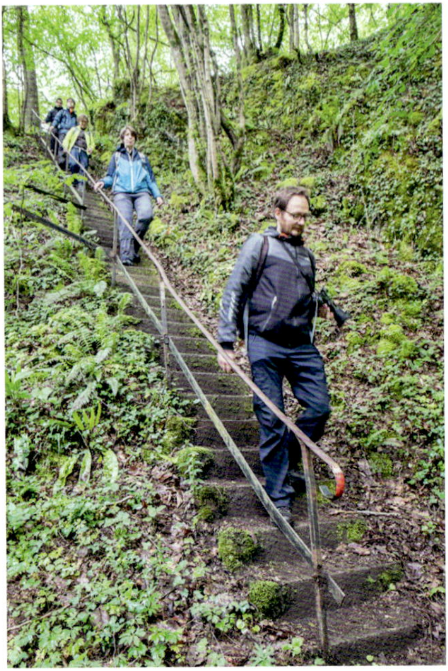

Die Treppe

Sie passieren ✿ Kalksteinbögen ❷ (km 4,8, ☞ Tour 16) und laufen 100 m weiter unter der Eisenbahnbrücke hindurch. Dann nimmt Ihr Weg ein paar Serpentinen und Sie stehen an einem Eisenbahntunnel.

Am ✋ maroden Geländer gehen Sie 500 m an einer steilen Böschung entlang. Eine Treppe mit Geländer markiert das Ende dieser Gefahrenstelle. Dann wird der Weg einfacher.

Im Uferwald kommen Sie an quaderförmigen Felsblöcken vorbei, einige davon übersteigen Sie. Nun warten zwei Leitern im 20-m-Abstand auf Sie (km 6,8). Sie überqueren eine schmale Betonbrücke über den Bach Iwoigne (km 6,9). Auf der anderen Seite wenden Sie sich nach rechts und können dort am Zusammenfluss von Lesse und Iwoigne ❸ ein weiteres Picknick einlegen. (Auch hierfür müssten Sie eine Decke mitbringen.)

Ab nun ist der Weg breit. Wenn Sie unter der Eisenbahnlinie (km 7,3) hindurchgehen, sehen Sie ein bisschen oberhalb den Turm Halte Royale d'Ardenne.

Die stillgelegte Bahnstation Halte Royal d'Ardenne gehörte einst zu einem riesigen Schloss, das König Leopold II. von Belgien in Houyet bauen ließ. Es war als Luxushotel geplant, um die Ardennenregion als Ferienziel für die internationale High Society beliebt und bekannt zu machen. Ein 18-Loch-Golfplatz wurde im Park angelegt und ein Zug brachte regelmäßig Gäste. Während des Ersten Weltkrieges wurde das Schloss jedoch beschädigt und musste schließen. Nach der Wiedereröffnung blieb der Bahnhof geschlossen – das Auto war inzwischen beliebtes Reisemittel der Gäste.

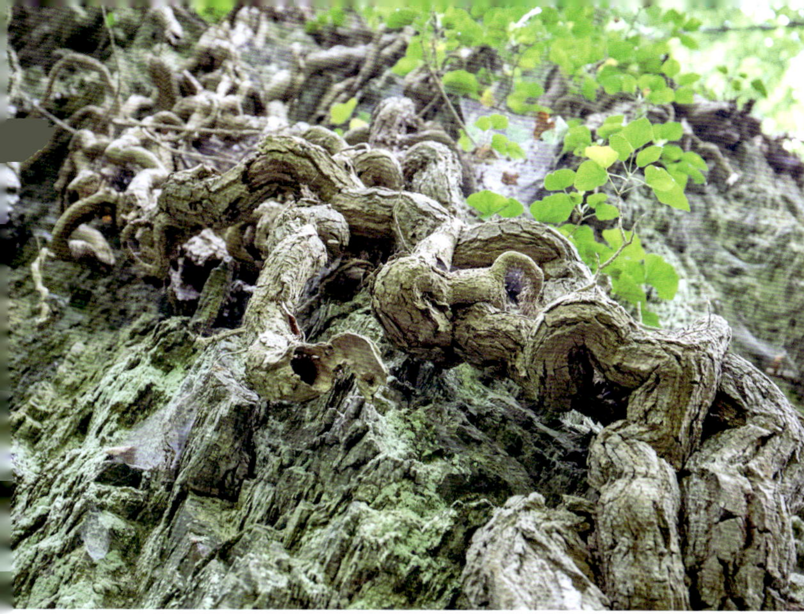

Mystische Felslandschaft

Nach dem Zweiten Weltkrieg wurde das Schloss an einen Golfklub verkauft. Endgültig schloss das Hotel 1950, dann brannte das Schloss 1968 vollständig ab. Nur der alte Bahnhof und der Pavillon Tour Léopold im Park erinnern noch an alte Zeiten.

Während Sie die nächste Bahnbrücke (km 8,3) erreichen, können Sie jenseits der Lesse den Campingplatz von Houyet entdecken. Schon sehen Sie den Ort vor sich. An der Wegschranke treten Sie endgültig aus dem Wald und biegen rechts auf die Rue de la Station ab, die über die Lessebrücke führt.

Der erste Abzweig nach rechts führt Sie zum Bahnhofsparkplatz an der Lesse. Hier endet die Tour.

⑪ Falaën – Burgen, Felsen und Blumenwiesen

Tour für Familien

Eine sehr abwechslungsreiche Tour über Hügel und durch Täler erwartet Sie. Unterwegs können Sie eine Burgruine besichtigen oder einfach die üppige Natur genießen.

Start/Ziel: vor der Kirche von Falaën, GPS N 50°16.725‘ E 004°47.633‘
8,9 km
ca. 3 Std.
225 m/225 m
130-229 m
grün-weiß-grüne Markierung
alles von der Dorfstraße bis zum schmalen Waldpfad, abwechselnd schattige Abschnitte und sonnige Partien
Restaurant La Fermette in Falaën (km 0,5)
Bänke am Start und bei km 6,2
Unterwegs warten Natur, Technik und eine Burgruine auf begeisterte Wanderkinder.
Zwei kurze ungemütliche Wegabschnitte – 150 m bei km 3,3 und 150 m bei km 5,6 – machen die Wanderung nur bedingt empfehlenswert für Kinderwagen. Wenn Sie das nicht scheuen, haben Sie eine schöne Wanderung vor sich.
Für Hunde gibt es keine Probleme.
Auf den ersten 2 km wandern Sie entlang der ruhigen Landstraße. Hier ist etwas Aufmerksamkeit gefragt.
In und um Falaën finden Sie viele Parkplätze.
nur Schulbusse

Mit Blick Richtung Kirche wenden Sie sich nach rechts und halten Ausschau nach einem Verkehrsspiegel, an dem Sie die erste grün-weiß-grüne Wegmarkierung finden. Dieses Zeichen begleitet Sie über die gesamte Wanderung hinweg.

Am Straßenrand gehen Sie erst durch die Rue de la Gare, dann entlang der Rue du Château Ferme.

☺ Innerhalb des Dorfes sehen Sie überall Tafeln, auf denen alte Fotos und Texte (Fr) über die Vergangenheit des jeweiligen Ortes erzählen.

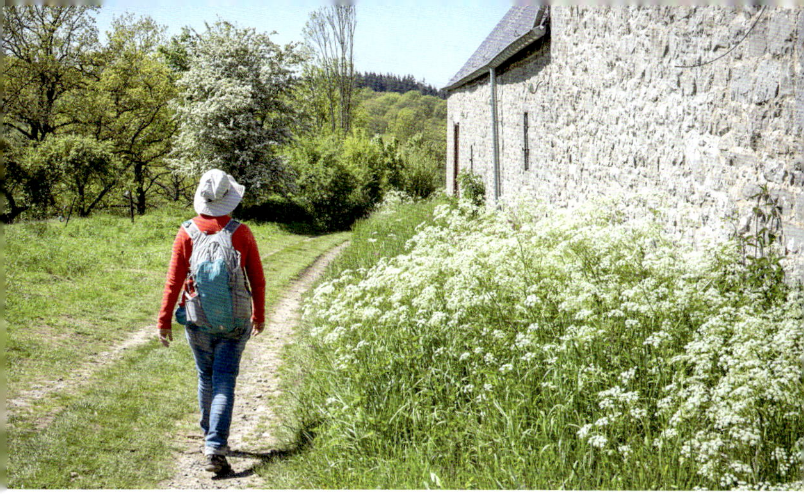

Unterwegs nach Flun

Vorbei an einer Heiligenfigur und einem Weiher passieren Sie das ♜ Château de Ferme. Dieses steht zurzeit zum Verkauf und ist nicht zu besichtigen.

✕ Restaurant La Fermette, Rue du Château-Ferme 30, 5522 Falaën, ☏ +32/(0)82/68 86 68, 💻 www.lafermette.be, 🚪 Fr-Di+Fei 12:00-14:00 und 19:00-21:00, bitte im Vorfeld reservieren

Die Straße knickt nach rechts ab, umgeben von Blumenwiesen durchqueren Sie die liebliche, hügelige Landschaft.

✝ Die Marienkapelle Notre Dame de Lourdes (km 1) ist offen, Sie können einen Blick hineinwerfen.

Leicht bergauf und bergab erreichen Sie bei km 1,3 das Ortsschild von Flun.

Das kleine Dorf Flun ist hübsch und beschaulich, mit seinen ursprünglichen Höfen, Lindenbaum und Wegekreuz. Doch schaut man genauer hin, dann hat auch hier der Erste Weltkrieg – wie fast überall in den Ardennen – seine Spuren hinterlassen. Eine Gedenktafel erinnert an eine Familie, die an einem Tag sieben Tote zu beklagen hatte. An solche und ähnliche Geschichten erinnern Mahnmale und Museen überall im Land. Eine wichtige Einrichtung und Aufforderung zu Frieden und Völkerverständigung.

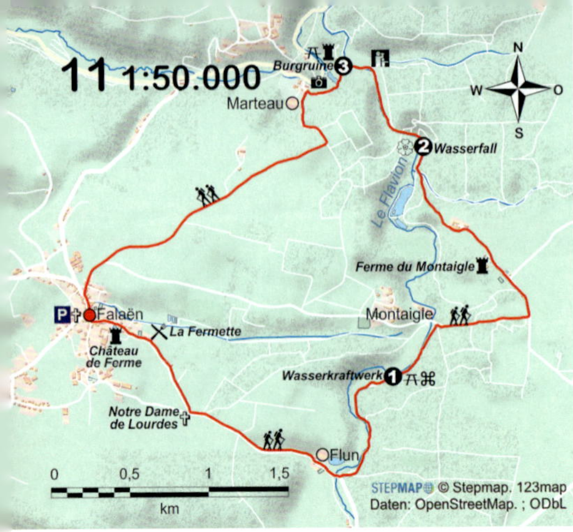

Hinter der Brücke über den Flavion (km 2) leitet Sie das Wegzeichen auf einem gut befestigten Waldweg in die Flussaue. Der Fluss bildet eine natürliche Sumpfzone und bietet unzähligen Pflanzen und Tieren einen Lebensraum.

Nahe dem Weg stehen viele Blütenpflanzen. Wenn Sie ein dickes Buch oder eine Blütenpresse mitnehmen, können Sie mit Ihren Kindern Blüten pressen. Bitte pflücken Sie jedoch nur einzelne Blüten, damit die Pflanzen weiter wachsen können. Oder noch besser: Nehmen Sie Buntstifte und ein Heft mit – das wird ebenfalls ein tolles Blumenbuch!

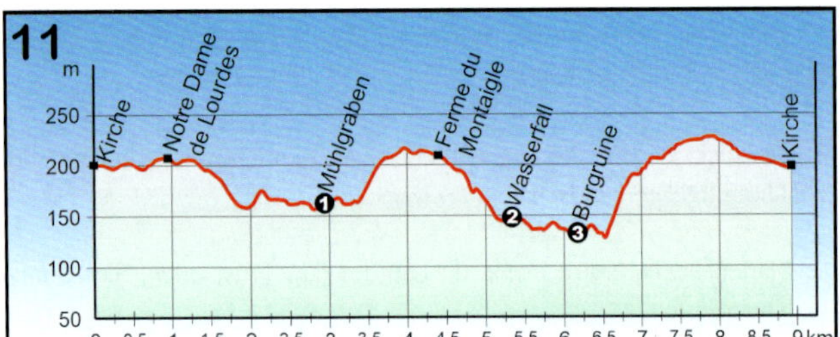

Sie gelangen nun zu einer Wiese, die an den Fluss grenzt. Der Weg macht eine Kurve und ein schöner Picknickplatz an einem Mühlgraben ❶ (km 2,9) bietet sich für eine Rast an. Neben dem Picknickplatz liegt ein ⌘ Wasserkraftwerk mit Infotafel.

Der Weg wird für 150 m unbequem holprig (km 3,3). Danach entschädigt Sie jedoch ein asphaltiertes Wegstück.

Über die ruhige Rue des Hayettes verlassen Sie das Flusstal durch Wald zu beiden Seiten. Sobald Sie nach links auf die Rue de Montaigle abgebogen sind, steigt der Weg nicht mehr weiter an und Sie haben einen schönen Ausblick über die Felder.

Sie passieren die Zufahrt zum Schloss Ferme du Montaigle (privat). Die Markierung wird nun lückenhaft, der Weg ist jedoch eindeutig. Vorbei an Kuhwiesen und durch einen Bauernhof (km 4,7) erreichen Sie wieder das Tal des Flavion. Immer entlang des Flusses durch schönen Wald gelangen Sie zu einem Wasserfall ❷ (km 5,3).

Der Weg macht eine Kurve nach links. Wenn Sie weiter geradeaus schauen, erheben sich vor Ihnen die Rochers du Montaigle, die auch von Sportkletterern genutzt werden. Da es sich um wenige, sehr schwierige Klettereien (zwischen 8- und 9+ im UIAA-System) handelt, werden Sie hier allerdings selten Kletterer sehen.

Bei km 5,5 ist das Flussufer so seicht, dass Ihr Hund es erreichen kann.

Dann treten Sie aus dem Wald heraus, gehen durch ein Drängeltor (km 5,6) und überqueren eine Viehwiese.

Das ist mit Kinderwagen eine echte Herausforderung. Sind Sie zu mehreren unterwegs, können Sie den Wagen vielleicht zusammen tragen. Nach 150 m sind Sie erlöst!

Durch ein weiteres Tor verlassen Sie die Weide wieder. Schauen Sie sich um, bevor Sie Ihren Weg nach links fortsetzen: Nach rechts sehen Sie weitere Felstürme, weiter links erblicken Sie die Ruine des Château de Montaigle. Die Burgruine ❸ erreichen Sie bei km 6,2. Hier finden Sie auch eine Bank.

Wenn Sie unvermittelt vor der Burgruine von Montaigle stehen, werden Sie beeindruckt sein. Auf einem Felsvorsprung hat die mittelalterliche Burg die Jahre überdauert, bevor sie auf Befehl des französischen Königs Heinrich II. im Jahr 1554 geschleift und in Brand gesetzt wurde. Bis dahin hatte das Tal um den Felssporn viele Bewohner: Der Cro-Magnon-Mensch lebte in benachbarten Höhlen, in der Eisenzeit ließ man Keramik zurück. Auch die Römer haben mit einer Garnison hier Spuren hinterlassen. Schließlich entstand um 900 die erste Burg, die ständig erweitert und umgebaut wurde. Sie wechselte fleißig ihre Besitzer und war ein mächtiges Bollwerk. Nach der Schleifung gab es immer wieder sporadische Bewohner und wechselnde private Eigentümer. Heute steht die Ruine unter Denkmalschutz und gehört zum Nationalerbe Belgiens.

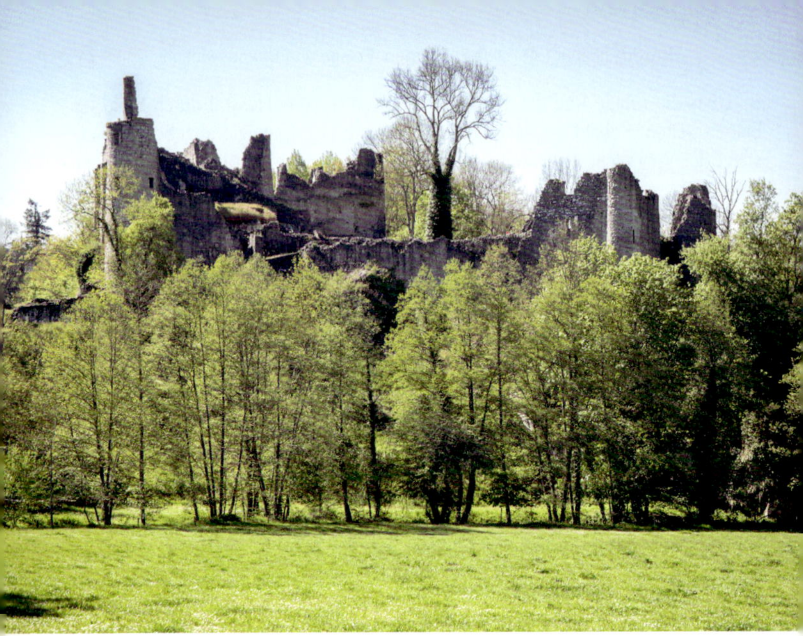

Die Burgruine

♦ Burgruine von Montaigle, Rue du Marteau 10, 5522 Falaën, ☏ +32/(0)82/69 95 85, 💻 www.montaigle.be, 🚪 Juli+Aug tägl. 11:00-18:00, April-Juni und Sep+Okt Sa+So 11:00-18:00, Erw. € 4, Kinder 6-12 J. € 1, Schüler ab 13 J. € 2,50, Erklärungen in Deutsch vorhanden

Über die geteerte Zufahrt wandern Sie bis zum Ort Marteau. 📷 Unterwegs bietet sich noch einmal eine Gelegenheit, über den Weiher hinweg die Burgruine zu fotografieren. In Marteau steigen Sie vor dem ersten Haus einen steilen Wirtschaftsweg hinauf.

Das Dorf schwindet, Sie treten in Fichtenforst ein und haben bald die größte Steigung überwunden. Nach rechts laufen Sie an alten Kiefern vorbei, dann zwischen wogenden Getreidefeldern, bis Sie den höchsten Punkt der Anhöhe über Falaën erreichen. An zwei prächtigen Linden gelangen Sie zur Weggabelung, die Sie wieder in den Ort hineinführt. Durch verwinkelte Gassen legen Sie die letzten Meter bis zum Ziel der Wanderung zurück.

⑫ Zum Schloss von Vêves

Tour für kulturinteressierte Wanderfreunde

Auf dieser Wanderung erleben Sie die Ardennen von ihrer besten Seite. Von einem der schönsten Dörfer Südbelgiens wandern Sie zum Schloss von Vêves. Unterwegs gibt die Landschaft alles: sonnige Anhöhen, Wälder, Schluchten – eben typisch Ardennen.

Start/Ziel: Parkplatz an der Kirche von Celles, GPS N 50°13.754‘ E 005°00.463‘

6,7 km

ca. 2 Std. 30 Min.

191 m/191 m

154-255 m

rotes Dreieck, weiß-rot (GR129, GR575)

unbefahrene, sonnige Landstraßen, Feldwege und durch den Wald

Restaurant Le Saint Hadelin in Celles

Bänke in Celles, bei km 1,4 und km 2,3

Für Kinder wird der Besuch des Schlosses hier sicher zum Höhepunkt der Tour.

Gleich zu Beginn wählen Sie eine Ausweichstrecke, um eine lange Treppe zu vermeiden. Bei km 4,7 erwartet Sie für 200 m ein holpriger Feldweg. Die restliche Strecke ist gut geeignet.

Es gibt unterwegs keine Möglichkeit für Ihren Hund zu trinken. Ins Schloss dürfen Sie Hunde nur mitnehmen, wenn Sie sie während der Besichtigung tragen. Auf der Wanderung hingegen werden sich Hunde durchgehend wohlfühlen.

Sie müssen die N910 zweimal überqueren (km 3,1 und km 6,4). Für 1,3 km geht es am Rand einer mäßig befahrenen Straße entlang.

Parkplatz am Start/Ziel

keine ÖPNV-Anbindung

Am Startpunkt befinden Sie sich in einem der schönsten Dörfer der Wallonie.

„Les Plus Beaux Villages de Wallonie“ (die schönsten Dörfer der Wallonie) werden Jahr für Jahr gekürt, um ihren eigenen Charakter zu bewahren, ihre Bekanntheit zu steigern und letztlich ihren Erhalt dauerhaft zu fördern. 2019 wurden 31 Dörfer prämiert. Drei davon können Sie bei Wanderungen im Buch kennenlernen, nämlich Wéris (☞ Tour 17), Celles und Falaën (☞ Tour 11). Unter www.beauxvillages.be finden Sie weitere „schönste Dörfer“ und Audioguides zum Herunterladen.

Während hinter Ihnen der Ruisseau de la Fontaine Saint Hadelin durchs Dorf fließt, umrunden Sie die ✞ Kirche Saint-Hadelin gegen den Uhrzeigersinn. Dabei folgen Sie dem Wegzeichen „rotes Dreieck".

Der heilige Hadelin (617-690) war ein Mönch, der sich an diesem Ort eine Einsiedelei baute. Gleichgesinnte schlossen sich ihm an. Der Grundstein für das Dorf Celles war gelegt.

Mit einem Kinderwagen biegen Sie hinter der Kirche nach rechts ab und wandern bis zur Picknickbank. Dort treffen Sie wieder auf den regulären Weg.

Hinter der Kirche beginnt der interessant gestaltete Kreuzweg. Laufen Sie die Treppe hinauf zur ✞ Ermitage ❶ (km 0,2), wo Sie im Innenhof die Statue des heiligen Hadelin finden.

Vom Ende der Treppe aus gehen Sie nach links zur Zufahrtsstraße und rechts um die Ermitage herum. Sie passieren eine Aussichtsbank mit Blick auf Celles (km 0,4). An der nächsten Kreuzung gelangen Sie zu einer Picknickbank unter einer Kastanie.

Hier treffen Sie Wanderer mit Kinderwagen wieder.

Ermitage

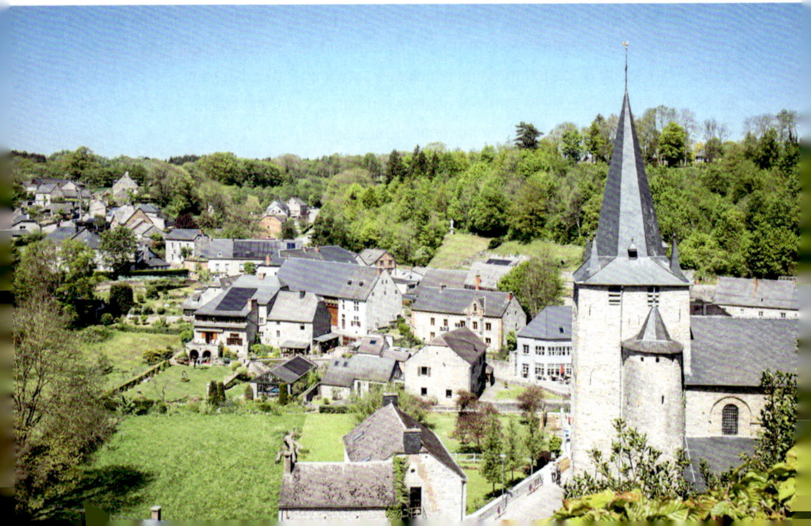

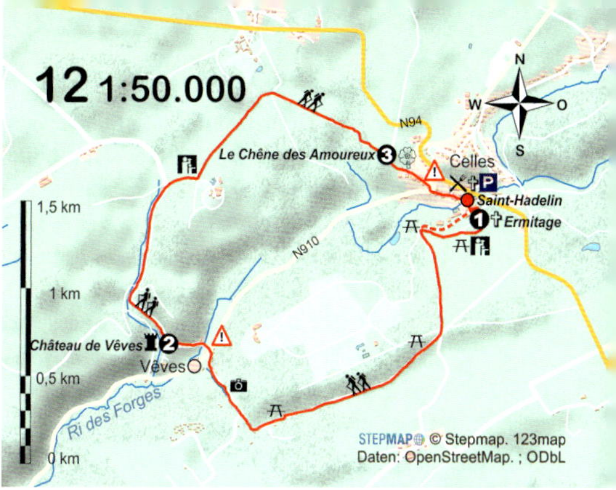

Links, etwas versteckt, finden Sie die nächste Wegmarkierung. Sanft steigt der bequeme Weg an. Die Straße kreuzt die Chaussée Romaine am Schlosstor von Noisy (nicht zu besichtigen). Nach rechts gehen Sie auf der Chaussée Romaine an einer Talsenke entlang, vorbei an einer Bank (km 1,4). Dann macht die Straße einen Knick und Sie erreichen das Dorf Vêves, nachdem Sie bei km 2,3 eine weitere Bank passiert haben.

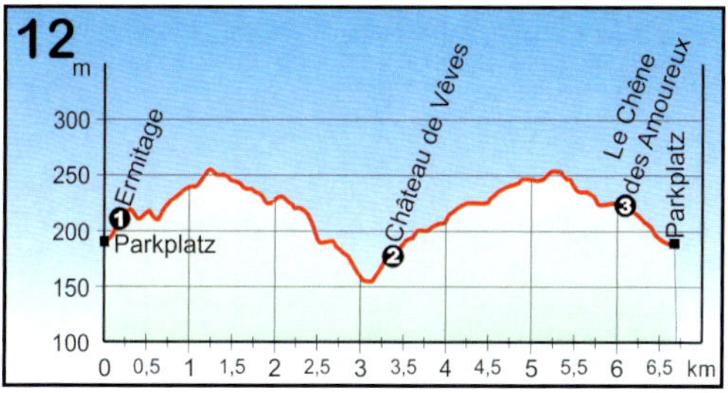

Zwischen den Häusern Nr. 4 und Nr. 5 schauen Sie auf das Schloss von Vêves (km 2,8).

Durch das hübsche Dorf gehen Sie bis zur Landstraße N910. Bitte überqueren Sie die Fahrbahn in aller Vorsicht!

Gegenüber empfängt Sie an einem Wegekreuz mit der Rue de Furfooz eine ruhige Nebenstraße. Diese quert den Bach Ri des Forges und schon bald stehen Sie vor dem Schloss von Vêves ❷ (km 3,4).

Der Ri de Forges hat es nicht weit, bis er in die Maas mündet. Vielleicht haben Sie auf dem Weg zur Burg einen Blick von der Brücke auf jenen rauschenden Bach geworfen. Gerade hier, wo er sich mit dem Russeaux de Mirande vereinigt, haben beide Bäche ein tiefes Tal in die Landschaft geschnitten. Ein idealer Platz für eine mittelalterliche Burg. Das Château de Vêves ist Burg und Schloss in einem. Es war immer bewohnt und wurde als militärische Verteidigungsanlage konzipiert. Der erste Bewohner war Pépin de Herstal, der dem Einsiedler von Celles besonders nahe sein wollte und sich im 7. Jh. hier ansiedelte. Später gehörte die Burg den Grafen von Beaufort und danach den Grafen von Liedekerke Beaufort. Heute können Sie das Kulturdenkmal besichtigen und sich dabei wie in alten Zeiten fühlen.

♦ Château de Vêves, Noisy 5, 5561 Vêves, ☏ +32/(0)82/66 63 95, chateau-de-veves.be, April bis Mitte Juli sowie Sep und Okt Di-Do und Sa, So und Fei 10:00-17:00, Mitte Juli bis Aug tägl. 10:00-17:00, letzter Einlass 16:30, Erw. € 8, Kinder ab 4 J. € 5, individuelle Besichtigung 50 Min., Führung 1 Std. 15 Min., Führungen bitte vorher anmelden, Kinder werden während der Besichtigung als Burgfräulein oder Ritter verkleidet, Hunde nur gestattet, wenn sie auf dem Arm getragen werden

Château de Vêves

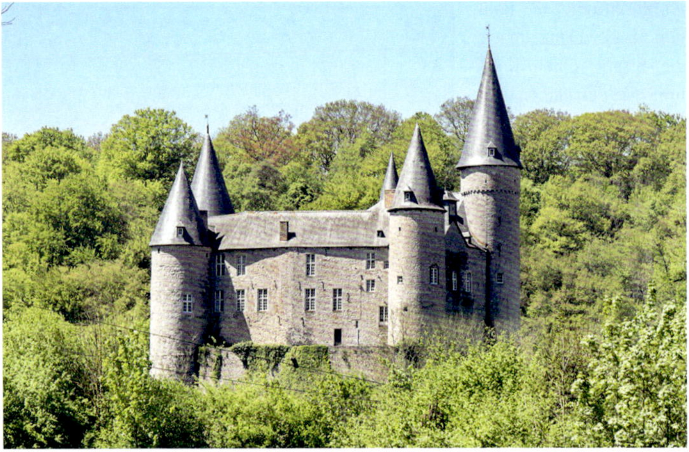

Weiter am Fahrbahnrand gewinnen Sie an Höhe, das tiefe Bachtal neben Ihnen wird flacher. Dann lösen Getreidefelder den lichten Wald ab. Am sechseckigen Schild „Hubermont" wechseln Sie auf eine Zufahrt durch sanft geschwungene Felder. Noch auf der Zufahrtsstraße können Sie am Rechtsknick weiter geradeaus durch eine entfernte Baumreihe das Château de Boisseilles erspähen (km 4,5). Dieses Schloss ist in Privatbesitz und daher nicht zu besichtigen, Sie laufen aber gleich ein Stück entlang der Schlossgartenhecke.

Folgen Sie ab dem Hoftor nach links dem weiß-roten Zeichen (GR129 und GR575).

Ab dem Hoftor (km 4,7) müssen für etwa 200 m einen holprigen, leicht zugewachsenen Feldweg überwinden. Wenn Sie das nicht scheuen, ist der Rest der Tour wieder gut auf Rädern zu meistern.

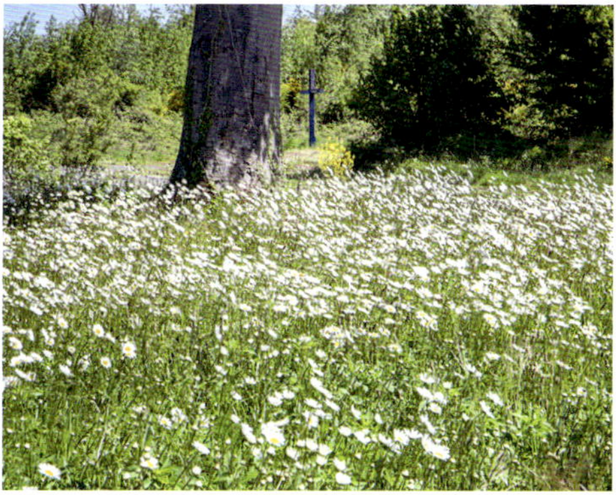

Am Wegesrand

Mit viel freier Sicht halten Sie auf eine dichte Hecke zur Linken des Weges zu. Dahinter befindet sich der Park um das Schloss von Boisseilles. Nach 150 m biegen Sie nach rechts ab und laufen erst zwischen Fichtenhecken, dann durch schönen Mischwald. Hier fehlt leider das Wegzeichen, Celles ist jedoch ausgeschildert.

Nach einer Kurve treten Sie aus dem Wald heraus. Links blicken Sie zum Friedhof von Celles hinüber, vor sich sehen Sie an der Einmündung eine alte Eiche – die Eiche der Verliebten (Le Chêne des Amoureux) ❸ (km 6,1).

Nun wieder auf einem geteerten Weg wandern Sie zurück nach Celles. Vorsicht beim Überqueren der Landstraße N910 (km 6,4)! Wegen der Kurve sehen Autofahrer Sie erst sehr spät.

Geradeaus durchs Dorf gelangen Sie zur Steinbrücke über den Ruisseau de la Fontaine Saint Hadelin.

Gehen Sie vor der Brücke geradeaus, bis Sie nach etwa 50 m zur Hauptstraße gelangen. Rechts befindet sich das Restaurant Le Saint Hadelin.

Restaurant Le Saint Hadelin, Route de Neufchâteau 21, 5561 Celles, +32/(0)82/66 64 42, www.lesainthadelin.be, Küche: Fr-Di 12:00-14:00 und 18:30-21:00, feine französische Küche, bitte unbedingt reservieren, kleinere Portionen für Kinder, Hunde willkommen

Nun noch über die Brücke und Sie sind am Ziel der heutigen Wandertour angekommen.

13 Walzin

Tour für Liebhaber fantastischer Ausblicke und toller Landschaften

Gleich zu Beginn dieser schönen Flusswanderung sehen Sie eines der Wahrzeichen der Gegend, das Schloss von Walzin. Erhaben thront es dort auf dem Felsen. Doch die Hauptrolle bei dieser Wanderung spielt die Lesse, die hier ein zauberhaftes Tal geformt hat.

Start/Ziel: Parkplatz am Ende der Straße Pont-à-Lesse in Walzin, GPS N 50°13.145‘ E 004°55.216‘

12,2 km

ca. 3 Std. 30 Min.

329 m/329 m

99-224 m

grünes Dreieck, blaues Dreieck

halb schattige Uferpfade, steile Wald- und Forstwege, geteerte Dorfstraßen, Feldwege über sonnige Bergkuppen

Restaurant Auberge de la Lesse (km 6,2), Friterie Ô bord de Lesse (km 6,3)

Aussichtsbank (km 2,7), Bänke bei km 3,5 und km 9,4, dazwischen regelmäßig alle 2 km, Picknickplatz mit öffentlicher Grillstelle (km 7,2, falls Sie die Grillstelle nutzen möchten, benötigen Sie Kohle, Grillgut und einen Rost von ca. 1x0,5 m)

Eine tolle Flusswanderung mit vielen Möglichkeiten, das Wasser und das Ufer zu erkunden. Vielleicht machen Sie unterwegs ein Picknick? Oder Sie entschließen sich auf halbem Weg, Kajaks zu nehmen und den Rückweg auf dem Fluss zurückzulegen. Weitere Informationen unter www.dinant-evasion.be

Nur die ersten 1,3 km können Sie mit Mühe mit dem Kinderwagen meistern, dann heißt es umkehren.

Der Weg auf und über die Brücken könnte für Hunde unangenehm sein. Auf der ersten Weghälfte benötigen Sie zusätzliches Trinkwasser.

Bei km 5,7 kreuzen Sie die N910.

P Parkplatz am Start/Ziel

Bahnhof Gendron-Celles (km 6,2), L: Dinant – Libramont, Mo-Fr stündl., Sa+So alle zwei Std.

Falls Sie die Tour verlängern möchten, können Sie diese mit Tour 10 verbinden.

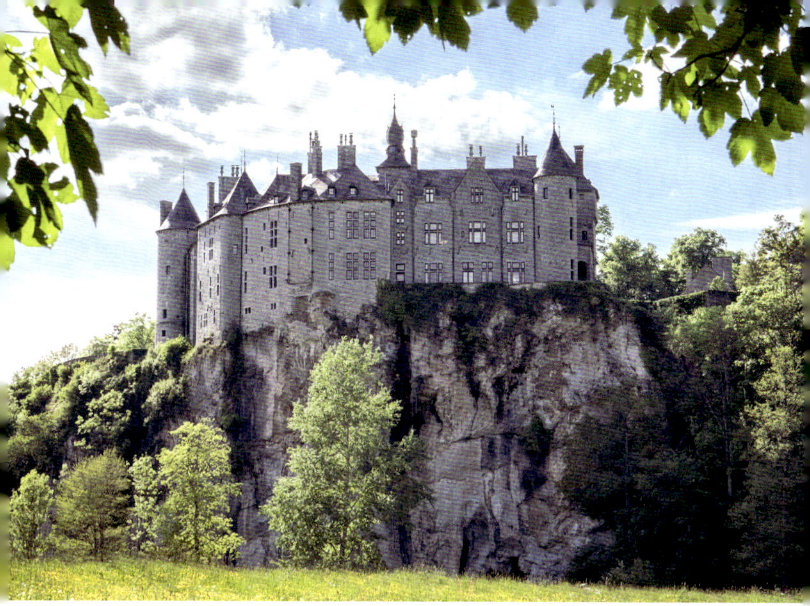

Château de Walzin

Vom Parkplatz aus sehen Sie zwei Wege, einen schmalen Fußpfad und links davon eine breitere Piste. Wählen Sie den schmalen Weg. Nach wenigen Metern erreichen Sie die Fußgängerbrücke über die Lesse.

☺ Auf der Brücke sehen Sie zum ersten Mal das Château de Walzin. Victor Hugo gefiel das Schloss oben auf der Klippe so gut, dass er eine Zeichnung anfertigte.

Der schmale Uferweg gewährt Ihnen immer wieder einen Blick auf das Schloss und auf die Wassermühle am anderen Ufer der Lesse. Durch eine Hainbuchenallee erreichen Sie eine Kreuzung (km 0,4) und wenden sich entlang der Markierung „grünes Dreieck" nach links. 300 m weiter haben Sie einen weiteren schönen Blick auf das Schloss ❶ (km 0,7), dieses Mal von Osten. Nach rechts sehen Sie die Felsen Caverène. Durch Blumenwiesen und Auwald gelangen Sie zur Eisenbahnbrücke (km 1,3) und gehen darunter hindurch.

Der weitere Weg ist nicht mehr für Kinderwagen geeignet.

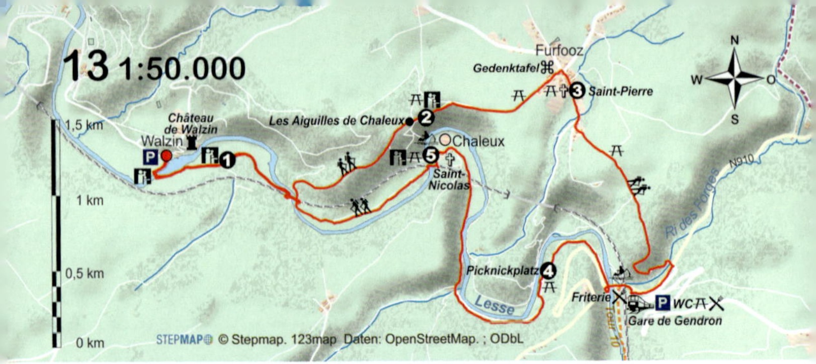

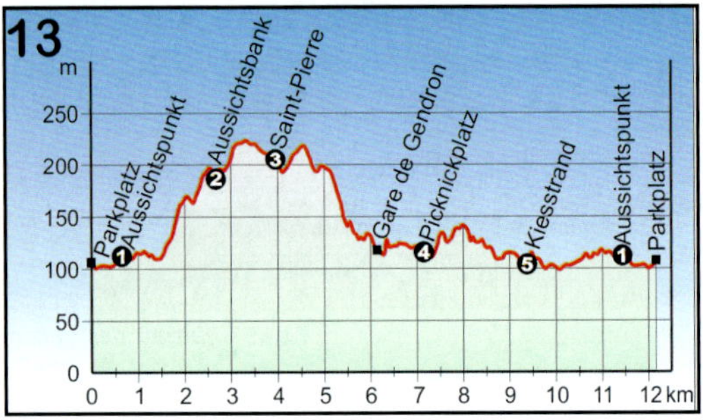

Ein unbequemer Weg führt Sie auf die Brücke, ein ebenso holpriger Abstieg erwartet Sie auf der anderen Seite. Hier angekommen, gehen Sie wiederum unter der Brücke hindurch und folgen nun dem blauen Dreieck, bis Sie gegen Ende der Tour wieder hier ankommen.

Vorbei an einem Haus läuft der Weg bald steil bergauf. Aus Uferwald wird dichter Laubwald. Nach der größten Steigung finden Sie ein sechseckiges Schild mit der Aufschrift „Les Aiguilles de Chaleux“ (km 2,6).

> Falls Sie schwindelfrei sind und über Bergerfahrung verfügen, können Sie nach rechts dem Fußweg zu einem beeindruckenden Aussichtsfelsen folgen. Achtung! Der Felsen ist sehr ausgesetzt und es besteht Absturzgefahr!

100 m weiter genießen Sie an einer Bank eine schöne Aussicht ❷. Von hier aus sehen Sie die Felsnadel Roche à la Chandelle und im Tal das Dorf Chaleux.

Sobald Sie den Wald verlassen, haben Sie einen tollen Rundumblick. Auf einer breiten Schotterstraße, vorbei an einer Bank (km 3,5), erreichen Sie Furfooz.

200 m nach der Bank passieren Sie eine ⌘ Gedenktafel für Gabriel de Namur (km 3,7), der am Mount Everest gestorben ist, und gelangen dann vorbei an Steinhäusern, Gärten und Heiligenfiguren zur ↑ Ħ Kirche Saint-Pierre ❸ (km 3,9).

Auf der Rue du Camp Romain gehen Sie bergab durchs Dorf. Der Weg knickt nach links auf einen steilen Weg ab, den Sie leicht für eine Zufahrt halten könnten. Entlang von Haselnussbüschen verlassen Sie Furfooz. Sie gelangen zu einer Ħ Bank unter einer Linde (km 4,5) und wandern weiter bis zum Waldrand. Nach und nach wird die lehmige Fahrstraße steiler. Schluchtwald und Felsen säumen Ihren Weg, bis Sie die Brücke über den Ri des Forges (km 5,7) überqueren. Auch die Landstraße wird hier überquert. Anschließend laufen Sie am Straßenrand entlang. ✋ Bitte verhalten Sie sich dem Verkehr angemessen.

Auf dem nahen Parkplatz finden Sie eine Wanderkarte und eine Ħ Bank.

Auberge de la Lesse, Gare de Gendron 1, 5561 Gare de Gendron, ☏ +32/(0)82/66 73 02, www.aubergedelalesse.be, während der belgischen Ferien tägl. 8:00-0:00, sonst Mi-So 8:00-0:00, drei Wochen im Jan, eine Woche im Juni und eine Woche im Okt geschlossen, Spezialität Forelle, Kinder gern gesehen, Hunde jederzeit willkommen

Sie sind nun am Bahnhof Gendron-Celles (km 6,2). Falls Sie mit der Bahn anreisen, können Sie die Tour hier beginnen.

Gehen Sie weiter geradeaus durch die Unterführung.

Hier besteht die Möglichkeit, die Tour 10 anzuschließen.

Friterie Ô bord de Lesse, Pont de Gendron, 5561 Gare de Gendron, ☏ +32/(0)82/64 55 19, www.aubergedelalesse.be/o-bord-de-lesse, Juni-Aug tägl. 10:00-21:30, Sep-Nov Do-So 10:00-21:30, Dez-Mai Do-Di 10:00-21:30

Gehen Sie über die Brücke, dann nach links die Rampe hinunter. Sobald Sie unter der Brücke hindurchgewandert sind, bleibt der Fluss zu Ihrer Rechten Ihr Begleiter für den Rest der Tour.

Hier findet Ihr Hund seichte Stellen für eine Erfrischung.

Bei km 7,2 erreichen Sie einen riesigen Picknickplatz mit Grillstelle ❹.

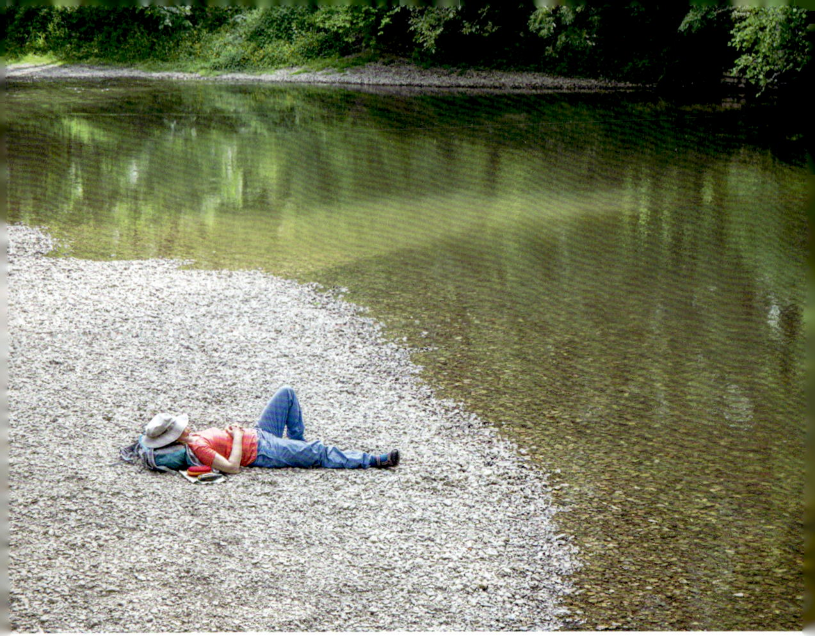

Harte Recherchearbeit am Kiesstrand

Steil steigen neben Ihnen die Talwände empor. Sie laufen unter der Eisenbahnbrücke hindurch. Gegenüber tauchen die ersten Felszacken auf, während Sie nach Chaleux hineinwandern. An der ✝ Kirche Saint-Nicolas erreichen Sie den alten Dorfkern.

Die Straße endet am Fluss an einem breiten Kiesstrand ❺ (km 9,4) mit schönem Blick auf den Felsen Roche à la Chandelle und einer Aussichtsbank links.

Auf einem Trampelpfad erreichen Sie die Brücke, überqueren diese und nehmen auf der anderen Flussseite den breiten Wanderweg durch den Auwald. Die nächste Eisenbahnbrücke erreichen Sie bei km 10,7 und überqueren diese ebenfalls.

Ab jetzt laufen Sie einfach auf demselben Weg zurück, auf dem Sie vorhin gekommen sind, und beenden die Tour auf dem Parkplatz.

14 Die Felsen von Freÿr

Tour für Abenteurer und geländeerprobte Familien

Wenn Sie schwindelfrei sind, dann ist diese Tour ein Muss! Statten Sie der Maas und den Felsen von Freÿr einen Besuch ab, erleben Sie atemberaubende Aussichtspunkte mit Blick auf gleich zwei Schlösser. Außerdem – falls Sie genügend Zeit einplanen – können Sie mit einer Handfähre auf der Maas übersetzen. Und versprochen: Diese Wanderung wird unvergesslich!

Start/Ziel: Parkplatz an der N95, nahe der Bushaltestelle „Anseremme Point de vue de Freÿr", GPS N 50°13.212' E 004°53.698'

9,7 km

ca. 3 Std. 30 Min.

344 m/344 m

92-210 m

blaue Raute, weiß-rot (GR 126), gelb-rot (GR 125), ohne Markierung

felsige, oft schwierige Bergpfade durch lichten Schluchtwald, Wiesen- und Uferwege entlang der Maas

Friterie (km 9,5)

bis km 5,2 in regelmäßigen Abständen Bänke, danach keine mehr

Ältere Kinder werden von dieser schönen Tour begeistert und beeindruckt sein. Haben Sie genug Zeit für eine Bootstour nach Waulsort eingeplant? Die kostenlose Personenfähre bringt Sie hinüber. Spannend sind auch der Klettergarten und die Aussichtspunkte. Ein Erlebnis für die ganze Familie.

Mit Kinderwagen ist die Runde nicht möglich.

Trittsichere Hunde haben hier keine Probleme.

Entlang der ersten Weghälfte besteht immer wieder Absturzgefahr! Bitte achten Sie besonders auf jüngere Kinder.

P Parkplatz am Start/Ziel

Bushaltestelle „Point de vue de Freyr", Linie 25 (Dinant – Beauraing), Mo-Fr 6:00-20:00 achtmal, Sa 9:00-18:00 fünfmal, So+Fei 11:00, 12:00, 16:00 und 17:00

Am Ende des Parkplatzes führt ein schmaler Weg bis an die Hangkante. Folgen Sie dabei der Markierung „blaue Raute". Über die Wiese gelangen Sie auf einem Trampelpfad in den Schluchtwald oberhalb der Maas.

☝ Bis Sie bei km 5,2 zum Ufer gelangen, ist der Weg immer wieder schwierig und verlangt Ihre volle Konzentration. Falls Sie mit Kindern wandern, beachten Sie, dass immer wieder Absturzgefahr an steilen Böschungen längs des Weges besteht.

Rechts von Ihnen fällt der Hang steil ab, nach links blicken Sie in die Hochebene um Falmignoul. Sie meistern schmale Pfade und manchmal kleine Steinstufen und haben immer wieder einen schönen Blick zwischen den Bäumen hinunter auf die Maas. Ab km 1 folgen Sie dem weiß-roten Zeichen (GR 126) nach rechts. Während Sie bergauf über Wurzeln wandern, wird es links von Ihnen zusehends lichter und Sie laufen nun neben Getreidefeldern. Nach 400 m kommen Sie an einer Bank vorbei.

Bei km 2,5 endet der Fußpfad, Sie erreichen einen breiten Forstweg und wenden sich nach links. Die nächste Markierung finden Sie wenig später. Sie gelangen nach etwa 300 zu einer Wandertafel (km 2,8). ☝ Die weiß-rote Markierung für den GR weist scharf nach rechts, was Sie leicht übersehen können. Über den Wiesenpfad tauchen Sie nach etwa 100 m wieder in den Wald ein und finden eine undeutliche Kreuzung vor. Während die weiß-rote Markierung weiter bergab führen würde, zweigt der GR 125 mit der gelb-roten Markierung hier nach links ab. Nehmen Sie diesen Weg und bleiben Sie weiterhin am Wiesenrand.

Ein paar Mal gehen Sie dicht an Stacheldraht vorbei. Der Schluchtwald beginnt nun zu duften, denn große, alte Buchsbäume, die einmal zum Schlossgarten von Château Thierry gehörten, wachsen hier. Bei km 3,4 sehen Sie die Ruine des Châteaus. 300 m weiter folgt ein luftiger Aussichtspunkt, zwei weitere Aussichtspunkte mit Blick auf Felszacken über der Maas folgen kurz danach (km 3,9 und km 4). Bei km 4,1 finden Sie direkt am Wegknick nach rechts die Aussichtsbank Le Drapeau ❶.

Steil führt Sie nun der Felsenweg hinab. Einem bequemen Forstweg folgen Sie nach rechts hinunter zur Maas, links flankiert vom breiten Bachtal des Ruisseau du Chestia.

Kurz bevor Sie das Tal erreichen, verlassen Sie den GR 125, gehen ohne Markierung weiter bergab, passieren ein umgestürztes Wegekreuz (km 5,1) und gelangen nach links ans Ufer, wo Sie ein schöner Picknickplatz mit Blick auf das Schloss von Waulsort empfängt. Uralte Blutbuchen spenden Schatten.

↳ ☺ Gehen Sie 80 m nach links zu einer Trinkwasserzapfstelle am Hafenkai. Nach etwa 200 m gelangen Sie zur Handfähre nach Waulsort (April-Sep bei Tageslicht, die Überfahrt ist kostenlos).

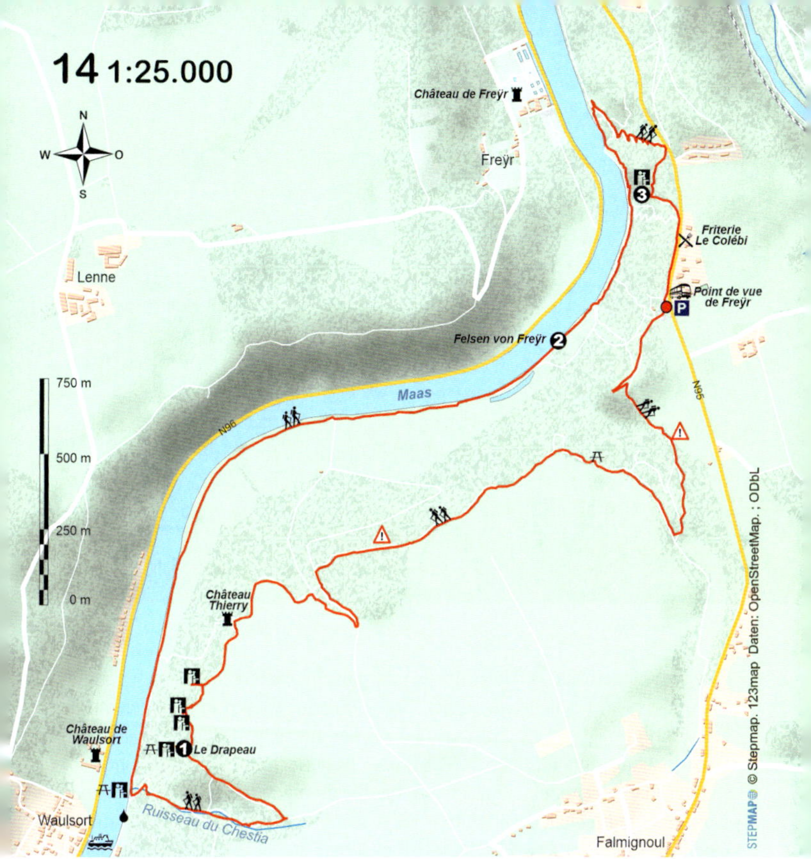
14 1:25.000
N
W
O
S
750 m
500 m
250 m
0 m
Château de Freÿr
Freÿr
Lenne
Friterie Le Colébi
Point de vue de Freÿr
P
Felsen von Freÿr 2
3
Maas
N96
N95
Château Thierry
Château de Waulsort
1 Le Drapeau
Waulsort
Ruisseau du Chestia
Falmignoul
STEPMAP © Stepmap. 123map Daten: OpenStreetMap. ; ODbL

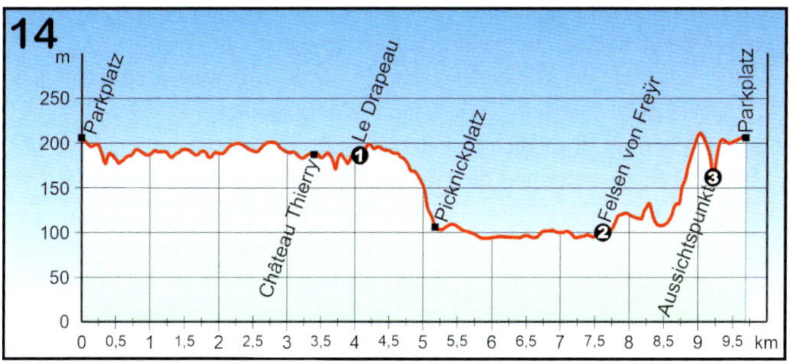
14
m
250
200
150
100
50
0
Parkplatz
Château Thierry
1 Le Drapeau
Picknickplatz
2 Felsen von Freÿr
3 Aussichtspunkt
Parkplatz
0 0,5 1 1,5 2 2,5 3 3,5 4 4,5 5 5,5 6 6,5 7 7,5 8 8,5 9 9,5 km

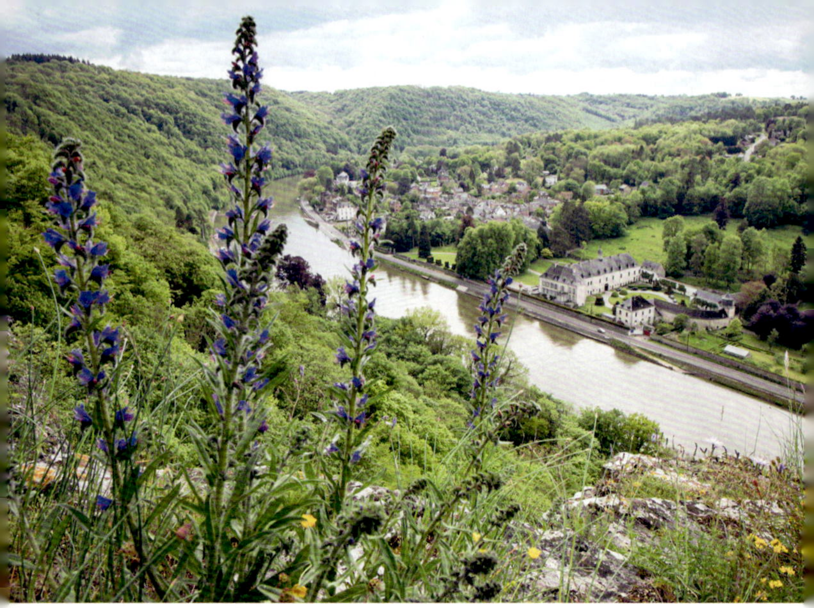

Die Maas mit Waulsort

Ihre Wanderroute verläuft am Flussufer entlang nach rechts. Durch Tore über Viehwiesen, an Fischteichen vorbei, über Obstbaumwiesen und immer mit dem Fluss an Ihrer linken Seite wandern Sie 2,5 km, bis sich vor Ihnen die Felsen von Freÿr ❷ (km 7,6) auftürmen. ✋ Achtung! Es herrscht Steinschlaggefahr.

Der Pfad führt direkt am Ufer entlang. Sie umrunden einen ins Wasser ragenden Felsen auf einem gepflasterten Weg. Dann sind es noch ca. 100 m bis zu einer Tafel mit Kletterregeln. Daneben steigt ein steiler Serpentinenweg mit der weiß-roten Markierung (GR 126) auf. Knapp vor der Straße knickt der Weg nach rechts ab und verläuft nun parallel zur Straße durch den Wald.

Kurz vor Ende der Wanderung nehmen Sie den Abzweig nach rechts, der Sie zu einem fulminanten Aussichtspunkt führt ❸ (km 9,2). Der Blick auf das Schloss von Freÿr ist wirklich atemberaubend!

Noch wenige Meter und die Wanderung kommt zu ihrem Ende.

✕ Friterie Le Colébi, Chaussée des Alpinistes 16a, 5500 Anseremme, ☏ +32/(0)82/61 30 08, 💻 www.facebook.com/lecolebi, Sep-Ostern Mi 11:30-14:00, 17:30-21:00, Do+Fr 11:30-21:00, Sa+So 11:30-21:30, Ostern-Aug Di-Fr 11:30-14:00 und 17:30-21:00, Sa+So 11:30-21:30

15 Nismes – Le Fondry des Chiens

Tour für besonders naturverbundene Wanderer

Weit im Westen der belgischen Ardennen werden die Hügel sanfter und die Flusstäler weiten sich. Auch hier gibt es spektakuläre Landschaften, die eine Wanderung lohnen. Der Weg zur Fondry des Chiens ist der beste Beweis.

Start/Ziel: vor der Kirche von Nismes, GPS N 50°04.487‘ E 004°32.920‘

13,3 km

ca. 4 Std.

328 m/328 m

148-229 m

rotes Rechteck, rot-weiß-rot, gelbes Rechteck, ohne Markierung, Nordic Walking grün (Nr. 1)

abwechselnd einfache und schwierige Wege, sonnig wie schattig, kurze Strecken asphaltiert, Bergpfad an der Fondry des Chiens (km 9,8)

viele Lokale in Nismes

viele Bänke im Schlosspark, Picknickplatz (km 9,6), Aussichtsbank (km 9,8)

viele Geschäfte in Nismes

Naturbegeisterte Kinder werden hier viel Freude haben. Es gibt abenteuerliche Felsen, viel Wasser und Wald.

Es gibt unterwegs unüberwindbare Wegpassagen. Daher sollten Sie diese Tour nicht mit Buggy versuchen.

Für Hunde kein Problem. Auf den letzten zwei Dritteln benötigen Sie zusätzliches Trinkwasser.

Parkplatz vor dem Touristenbüro nahe dem Start/Ziel

nur Schulbusse

Von der Kirche aus überqueren Sie die Brücke über den Fluss Eau Noire. Dabei können Sie sich am Wegzeichen „rotes Rechteck“ orientieren. Durch den Schlosspark und vorbei am Schloss gelangen Sie in die Jardins d'O. Die Markierung führt Sie durch luftigen Wald, immer mit Blick in den Park.

Mit Kindern kann eine Erkundung des Parks reizvoll sein. Bedenken Sie jedoch die zusätzliche Strecke! Planen Sie eine Erkundung daher besser nach der Tour ein.

Der Weg führt am Friedhof (km 0,7) und am Wohnmobilplatz entlang. Dann erreichen Sie eine Weggabelung und wechseln zur rot-weiß-roten Markierung. Vorbei am Sägewerk, dessen Schornstein eine weithin sichtbare Wegmarke ist, erreichen Sie das Tal von Eau Noire, Eau Blanche und Viroin.

Entlang von Gebüsch schwenkt der Weg nach links und Sie wandern auf die Felsen Roche-à-Lomme jenseits des Flusses zu. Nach einem Rechtsschwenk laufen Sie neben den Bahngleisen, jetzt über einen lehmigen Feldweg. Bei km 2,4, kurz vor dem Eisenbahntunnel, überqueren Sie die Gleise.

Achtung! Die Bahnstrecke ist in Betrieb. Daher müssen Sie sich vorher vergewissern, dass kein Zug kommt! Achten Sie dabei auch speziell auf mitwandernde Kinder.

Jenseits des Bahndamms empfängt Sie ein anspruchsvoller Uferweg am Viroin. Nun wandern Sie im Naturschutzgebiet von Dourbes. Bei km 4,3 treffen Sie auf eine T-Kreuzung. Die Wegzeichen führen Sie nach rechts. In einer Haarnadelkurve laufen Sie bergauf auf den Bergücken.

Im dichten Wald haben Sie bald die größte Steigung überwunden und treten bei km 6,2 aus dem Wald heraus. Der Markierungspfahl vor Ihnen befindet sich genau über dem Eisenbahntunnel. Hier endet auch das Naturschutzgebiet. Geradeaus über die Lichtung gelangen Sie wieder in den Wald.

Der Weg gabelt sich wenig später (km 6,4), die Markierung weist nach links in einen schmalen Fußpfad. Nach 250 m mündet dieser in einen breiten Forstweg, wo Sie zum Zeichen „gelbes Rechteck“ wechseln. Zuerst am Waldrand, dann unter dichtem Blätterdach gehen Sie zügig bergab. Der Wald wird lichter und Sie sehen links im Tal die Bahngleise und eine Brücke.

Bleiben Sie jedoch oberhalb der Treppe, die zur Brücke führt, und folgen Sie dem Weg nach rechts auf einem sehr schmalen Pfad durch den Hang. Sehr steil bergauf laufen Sie auf eine Wandertafel zu, danach oben an der Böschungskante entlang. Am Schild „Roche aux Faucons“ zweigt ein Pfad zum Aussichtspunkt ❶ (km 7,9) ab.

Am Schild nach rechts gehen Sie auf dem nun einfacheren Wanderweg weiter. Schließlich erreichen Sie den Waldrand. Sobald der Weg geteert ist, nehmen Sie den nächsten Abzweig nach links und dann nach wenigen Metern geradeaus die breite, asphaltierte Forststraße, die mit dem roten Rechteck markiert ist.

Bergauf gelangen Sie zu einem schönen Picknickplatz mit Trimm-dich-Geräten ❷ (km 9,6). Weiter bergauf kündigt ein sechseckiges Schild die Fondry des Chiens an.

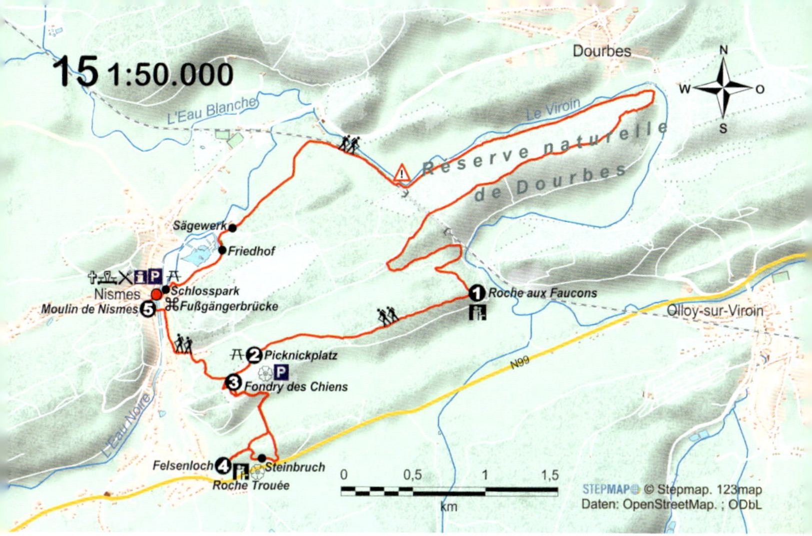

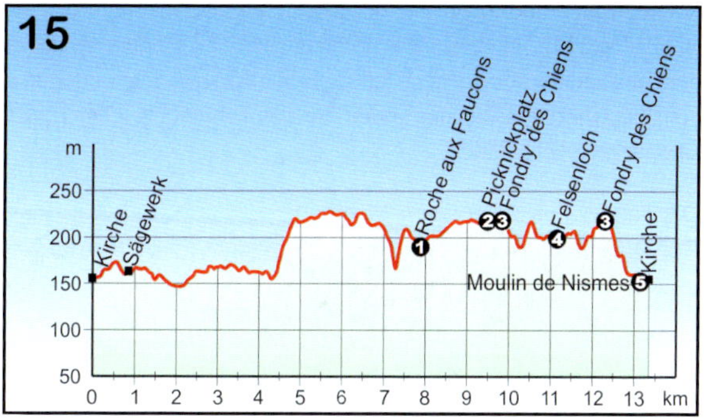

Die Schlucht Fondry de Chiens ist etwa 20 m tief. Sie entstand durch Regenerosion im weichen Kalkgestein. Bis zum Roche Trouée bedeckt Kalkmergelrasen den Boden. Dort gedeihen wärmeliebende Pflanzen wie das Knabenkraut.

Über den P Wanderparkplatz gehen Sie Richtung Kiefernwald durch einen Linksknick. Sie finden zwei Bänke am Waldrand ❸, von denen Sie einen tollen Blick auf die Felsklippen haben. Wenn Sie von den Bänken in Richtung der Felsenschlucht schauen, sehen Sie einen Saumpfad, der Sie durch die Klippen führt, ab hier ohne Wegmarkierung.

Falls Sie sich den Bergpfad nicht zutrauen, gehen Sie rechts vom Felsenloch am Zaun vorbei. Auf der Rückseite der Fondry des Chiens befinden Sie sich wieder auf der vorgesehenen Wanderroute.

Sind Sie durch die Felsen gewandert, laufen Sie eine Treppe hinauf (km 9,9). An deren Ende treffen beide möglichen Wege wieder zusammen. Sie wenden sich nach links auf den Graspfad, der am Hang entlang verläuft. Nach wenigen Metern führt rechts ein steiler Wiesenweg ins Tal und dann geschwungen zu einem Tor. Durch das Tor finden Sie die Markierung „Nordic Walking grün (Nr. 1)“.

Sie wandern bergauf. Kurz bevor Sie die Landstraße erreichen würden, biegen Sie nach rechts zu einem alten Steinbruch ab und gehen dann an einem Aussichtspunkt mit einer Infotafel vorbei. Weiter den Weg entlang erreichen Sie den Roche Trouée (km 11,1), einen solitären Felsriegel, von dem aus Sie weit ins Land sehen können. Rechts neben dem Felsen führt ein schwieriger Bergpfad hinab zum Felsenloch ❹ (km 11,2), das dem Felsen seinen Namen gibt.

Gehen Sie auf demselben Wege zurück bis neben den Aussichtsfelsen des Roche Trouée und folgen Sie der Markierung weiter durch den Wald, dann über eine Wiese, bis Sie erneut das Tor erreichen. Anders als ausgeschildert wenden Sie sich hier wieder nach links, bis Sie bei km 12,2 wieder an der Treppe stehen. Im Uhrzeigersinn umrunden Sie das Felsenloch. Dabei passieren Sie links eine weitere Felsschlucht.

Die Fondry des Chiens von Nismes

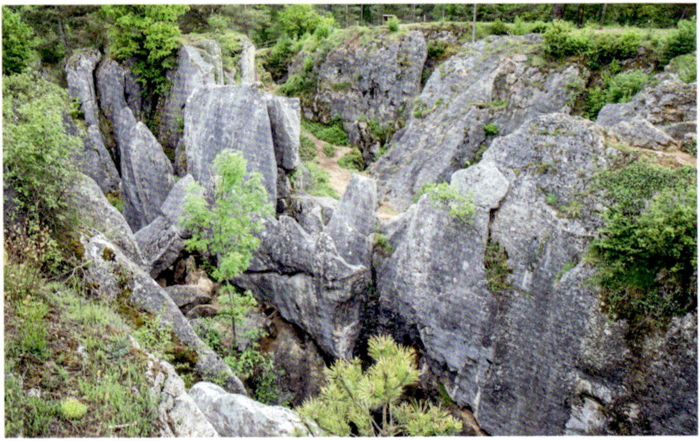

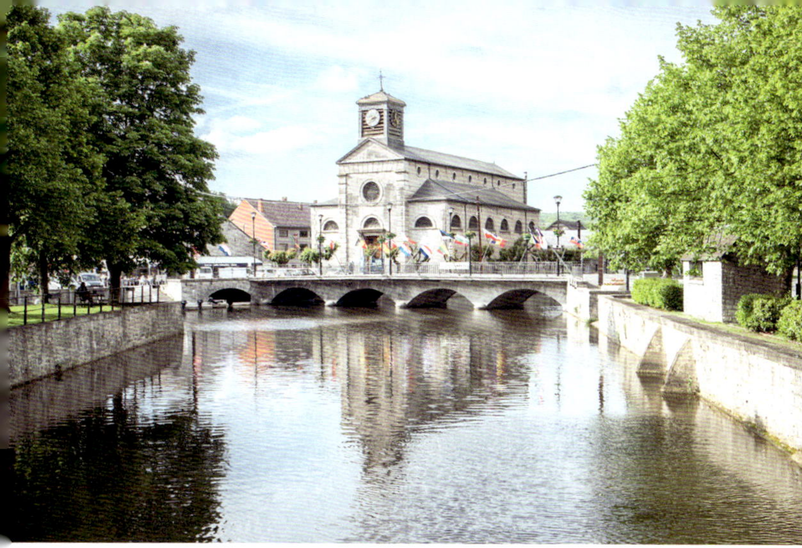

Die Kirche Saint-Lamberte

Am Forstweg angekommen gehen Sie nach links auf den Kiefernwald zu. Beim ersten Abzweig nach rechts finden Sie wieder die Markierung „rotes Rechteck", die Sie nun leitet. Erst durch Wald, dann entlang von Gärten erreichen Sie Nismes. Sie biegen links in die Rue Orgeveau, dann rechts in die Rue Grande (km 12,8).

Auf dem Bürgersteig wandern Sie für 350 m am Fluss entlang und überqueren beim Zebrastreifen die Fußgängerbrücke über den Eau Noire, nun wieder ohne Wegmarkierung.

⌘ Die Brücke ist mit Stühlen verziert, auf denen sich Gedichtzeilen von Henri Michaux befinden. Michaux war ein surrealistischer Maler und Dichter aus Namur.

Über den Wohnmobilplatz neben dem ⌘ Mahnmal zu den Weltkriegen erreichen Sie die Wassermühle ❺ (km 13,2). Eine Infotafel (Fr/Ne) erklärt Ihnen die Nutzung.

Links hinter der Tafel überqueren Sie die Fußgängerbrücke über den Mühlkanal. Zwischen Häusern und der Mühle gelangen Sie zur Rue Vieille Église. Rechts sehen Sie schon die Kirche Saint-Lambert, dort endet die Wanderung.

i Touristenbüro, Rue Vieille Église 5, 5670 Nismes, ☏ +32/(0)60/31 16 35, 💻 www.viroinval.be, 🚪 Mo-Sa 9:00-16:30, So+Fei 9:30-16:30, Juli-Aug tägl. 9:00-18:00

Provinz Luxembourg

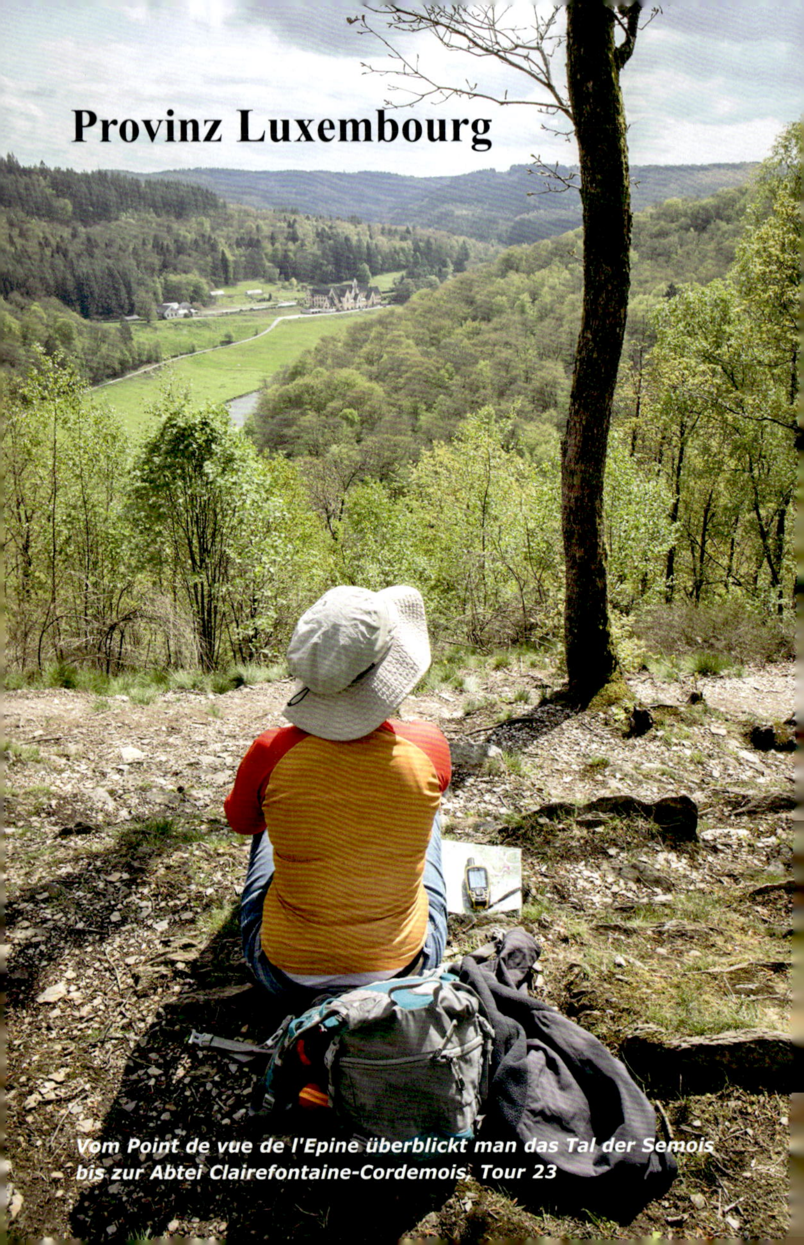

Vom Point de vue de l'Epine überblickt man das Tal der Semois bis zur Abtei Clairefontaine-Cordemois, Tour 23

16 Durbuy

Tour für Familien und geologisch Interessierte

Willkommen in der kleinsten Stadt Belgiens. Von hier aus erkunden Sie die Landschaft der Calestienne. Gleich zwei große Kalksteinbögen können Sie auf dieser Tour bewundern. Und nicht nur das! Denn Durbuy und seine Umgebung sind einfach zauberhaft.

Start/Ziel: auf dem Place aux Foires am Pavillon, GPS N 50°21.093‘ E 005°27.336‘

9 km

ca. 3 Std.

280 m/280 m

146-292 m

rotes Rechteck (Nr. 4)

etwa zur Hälfte asphaltiert, sonst schöne Waldwege und Bergpfade, öfter schattig als sonnig

viele Lokale in Durbuy (besondere Empfehlung im Text), Restaurant Durbuy Ô in Warre (km 5,8)

ausreichend Bänke in Durbuy, unterwegs alle 2 km

WC — WC am Start/Ziel und beim Minigolfplatz (km 7,7)

unterschiedliche Geschäfte in Durbuy, Marmeladenmanufaktur (km 8,6)

Nicht nur die Wanderung ist spannend, sondern auch das Drumherum. Den Wandertag können Sie in und um Durbuy in ein familienfreundliches Programm einbetten.

für Buggys ungeeignet

problemlose Tour für Hunde

Bei km 4,4 überqueren Sie eine breite Landstraße.

P — Innerhalb Durbuys gibt es nur kostenpflichtige Parkplätze, Sie können jedoch kostenlos am Stadtrand parken. Pendelbusse fahren ins Zentrum.

nur Schulbusse

Touristenbüro, Place aux Foires 25, 6940 Durbuy, ☏ +32/(0)86/21 24 28, www.durbuyinfo.be, ganzjährig Mo-Sa 9:00-18:00, So 10:00-18:00, Verkauf von Wanderkarten

☺ Sightseeing mit der Bimmelbahn, 15-Min.-Runde durch die Stadt, Start vor dem Touristenbüro, stündl. Mo-Fr ab 13:00, Sa+So ab 11:00, Erw. € 6, Kinder € 4

Auf dem Place aux Foires am Pavillon wenden Sie sich Richtung Fluss und laufen unter der Brücke hindurch. Rechts sehen Sie das Château de Durbuy und den kleinen Kalksteinbogen.

In der Geologie kennt man Antiklinale und Synklinale. Das sind Auf- bzw. Abwölbungen von Gesteinsschichten, die durch seitlichen Druck entstanden sind. In Durbuy finden Sie gleich zwei eindrucksvolle Antiklinalen. Sowohl Synklinalen als auch Antiklinalen begegnen Sie hingegen auf der Tour 10.

Wieder zurück Richtung Brücke nehmen Sie die Treppe zwischen Schloss und Brücke. Oben angekommen folgen Sie dem Wanderzeichen „rotes Rechteck (Nr. 4)". Auf dem Gehweg laufen Sie ein Stück um das Schloss herum.

⌘ Musée d'Art Moderne & Contemporain, Rue Comte Théodule D'Ursel 21, 6940 Durbuy, ☏ +32/(0)86/43 47 95, ✉ mamcd@durbuy.be, ganzjährig Mo, Do+Fr 13:00-17:00, Sa+So 13:00-18:00, während der belgischen Ferien zusätzlich Mi 13:00-17:00, Erw. € 5, Kinder bis 12 J. frei, Fotografie, Bildhauerei, Malerei und Keramikarbeiten belgischer Künstler

Vorbei am ⌘ Kunstmuseum und am Schlosstor erreichen Sie die ✝ Kirche Saint-Nicolas (km 0,3). Über die Brücke gelangen Sie zu einer Aussichtsbank mit Blick auf den großen Kalksteinbogen ❶ (km 0,4).

Durch die Avenue Louis de Loncin erreichen Sie am Ortsausgang die Landstraße N833. Auf einem abgetrennten Streifen gehen Sie 200 m am rechten Fahrbahnrand entlang. Für den starken Verkehr entschädigt Sie dabei der Blick auf die Ourthe.

Vor dem Wohnmobilstellplatz (km 0,9) wechseln Sie am Zebrastreifen die Straßenseite. Bitte rechnen Sie mit schnellen Autos und Motorrädern. Entlang der Markierung folgen Sie knapp 100 m dem Straßenverlauf am linken Rand.

Ein schmaler Uferpfad entlang des Ruisseau du Fond de Vedeur führt Sie links in den Wald. Kleine Wasserfälle und moosbewachsene Baumriesen erwarten Sie.

Sammeln Sie mit Ihren Kindern an der Rodung einige Rindenstücke. Daraus lassen sich Boote schnitzen, die Sie weiter bachaufwärts schwimmen lassen können, z. B. bei km 2,1, wo das Bachufer besonders seicht ist.

Der Pfad mündet in die Straße nach Palenge (km 2,4). Rechts, kurz vor der Einmündung auf die N833, wechseln Sie an der Bank auf einen Feldweg. Nach weiteren 20 m steigen Sie rechts einen steilen Forstweg empor. Hier fehlt die Markierung. Wenig später finden Sie das nächste Wegzeichen.

Bald verlassen Sie den Wald. Sie gehen bergauf durch Weideland, das von Weißdornhecken begrenzt wird, und halten auf einen Funkturm zu. Wenn Sie sich umdrehen, wird der Ausblick mit jedem Meter prächtiger. Links erreichen Sie den Waldrand, dann, mit der Straße N814, den höchsten Punkt der Wanderung ❷.

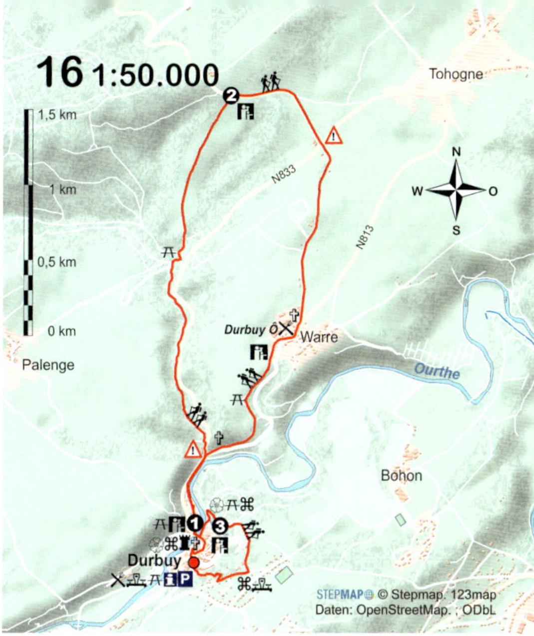

Der Straße folgen Sie nach rechts für 800 m. Sie ist eher ruhig, jedoch sollten Sie auch hier mit schnellen Fahrzeugen rechnen.

Sie kreuzen dabei die laute N833 (km 4,4). Hier herrscht oft viel Verkehr!

Danach wird die Wanderung wieder gemütlicher und Sie begegnen nur noch selten Autos. Vorbei an einer ✝ Marienkapelle laufen Sie bergab in das Dorf Warre.

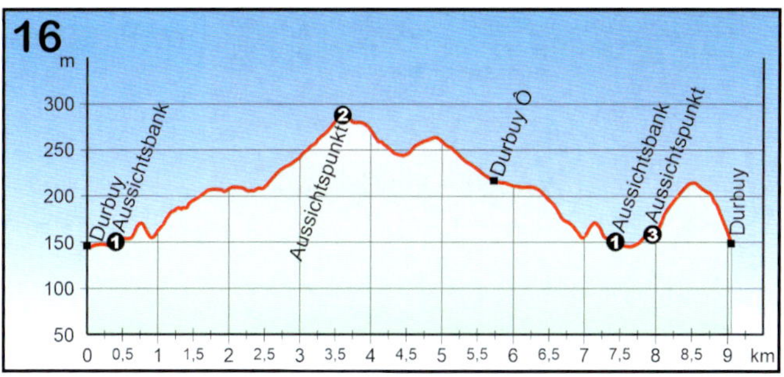

✕ Durbuy Ô (km 5,8), Warre 26, 6941 Warre, ☏ +32/(0)86/40 00 43, www.durbuy-o.be, Mi+Fr-So 12:00-13:30 und 19:00-20:30, Jan-Ostern geschlossen, hochwertige französische Küche, um Reservierung wird gebeten, Kinder sind herzlich willkommen, Hunde im Außenbereich willkommen

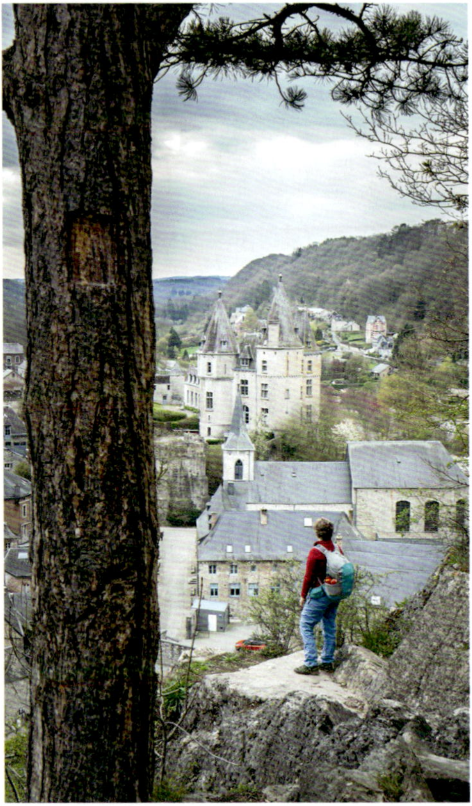

Blick auf Durbuy

Im Dorf zweigt bald nach rechts eine schmale Straße von der Hauptstraße ab und leitet Sie zum Wiesenrand, von wo Sie einen schönen Blick über die Hügel um Durbuy haben. Entlang der steilen Böschung zur Linken erreichen Sie eine Bank (km 6,4).

Leicht nach links folgen Sie nun einem schwierigen Pfad, auf dem jüngere Kinder Hilfe benötigen.

Das Flusstal liegt wieder vor Ihnen, rechts passieren Sie das Marienbild „La Chapelle de Notre Dame del Cherra". Dann gehen Sie am Wohnmobilstellplatz (km 7) vorbei auf dem schon bekannten Weg bis zur Ourthebrücke zurück.

Auf der anderen Flussseite stehen Sie nun wieder vor der Kirche Saint-Nicolas und biegen nach links auf den Uferweg ab.

WC Minigolfplatz (km 7,7) vor fantastischer Kulisse, öffentliches WC, Place du Grand Anticlinal 3, 6940 Durbuy, ☏ +32/(0)86/21 24 28, www.durbuyinfo.be, je nach Wetter, Jan+Feb geschlossen, € 8

⌘ Der Platz vor dem großen Kalksteinbogen eignet sich prima für ein Picknick. Sie finden hier mehrere Kunstwerke und Brunnen.

Geradeaus auf dem Uferweg laufen Sie auf Wald zu. Es geht durch eine Linkskurve ein wenig bergauf. An einer großen Buche beginnt rechts ein deutlicher Waldpfad, dem Sie bergauf folgen. Einige Gabelungen erschweren die Orientierung. Halten Sie sich immer möglichst rechts in der Nähe der Felskante. So gelangen Sie zum Aussichtspunkt direkt über dem Scheitel des Kalkbogens ❸ (km 8).

Der Pfad verläuft weiter steil bergauf durch den Wald und macht eine Linkskurve. Dann erreichen Sie etwa den höchsten Punkt. Vor sich sehen Sie einen Baum, der sich in 50 cm Höhe gabelt und mit einem grünen „M" versehen ist. Dahinter finden Sie einen undeutlichen Pfad nach rechts.

Über den Pfad erreichen Sie einen weiteren Aussichtspunkt. Der Weg ist jedoch äußerst schwierig und verlangt Trittsicherheit sowie Schwindelfreiheit. Es besteht Absturzgefahr!

Der Waldpfad mündet in einen Forstweg. Wenden Sie sich an der Bank nach rechts. Sobald Sie den Wald verlassen, erreichen Sie eine umzäunte Weide. Die Straße gabelt sich, wählen Sie die Rue du Plâtre nach rechts. Für 350 m folgen Sie dem Straßenverlauf und biegen dann nach rechts in die Rue des Crêtes ein. Nach 50 m erreichen Sie die Confiturerie Saint-Amour Durbuy.

In der Confiturerie

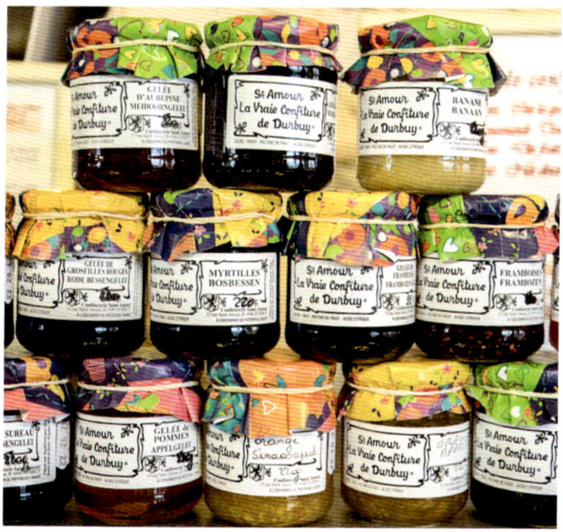

Confiturerie Saint-Amour, Rue de Saint-Amour, 6940 Durbuy, ☏ +32/(0)86/21 12 76, Sommer Do-Di 10:00-18:00, Mi 12:00-18:00, Winter Di+Do-So 10:00-18:00, Mi 12:00-18:00, feine Konfitüren aus Blüten und Wildobst, Ausstellung zum Thema Obstverarbeitung

Weiter die Straße entlang kommen Sie an einer Erhöhung zur Verkehrsberuhigung vorbei, vor sich sehen Sie den Aussichtsturm. Er kann nur in Verbindung mit einer Bimmelbahnfahrt besichtigt werden.

Noch vor dem Turm zweigt nach rechts bei km 8,7 ein Fußpfad ins Tal ab. Sie benötigen Konzentration und Trittsicherheit. Am Ende des Pfades gelangen Sie über die geteerte Zufahrtsstraße wieder zum Pavillon auf dem Place aux Foires.

Abstieg nach Durbuy

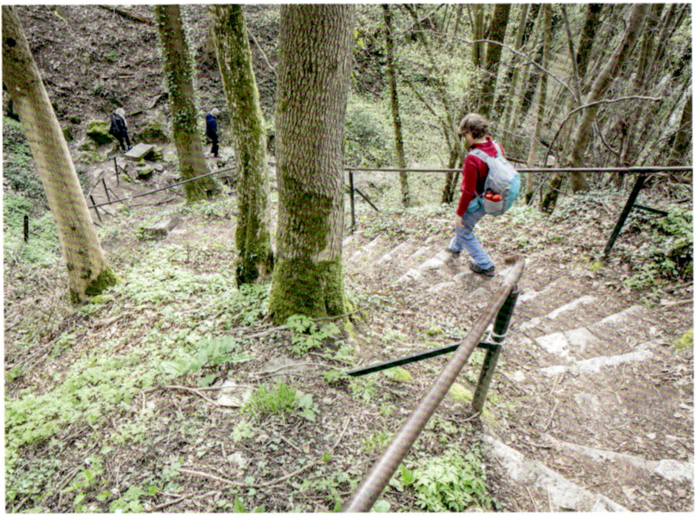

Restaurant Aux 10 Clefs, Rue Comte Théodule d'Ursel 41, 6940 Durbuy, +32/(0)86/38 73 10, aux10clefs@hotmail.com, Küche Mo-So 18:00-21:00, lokale Spezialitäten, Kunstausstellung im Gastraum

17 Wéris – das Carnac Belgiens

Tour für Freunde der Steinzeit und Familien

Sie sind interessiert an der Megalithkultur? Dann kennen Sie Stonehenge und sicher auch Carnac in der Bretagne. Aber haben Sie auch schon von Wéris gehört? Nein? Dann sollten Sie diese Wanderung zu den beeindruckenden Zeugnissen unserer Vorfahren unternehmen.

Start/Ziel: am Eingang des Megalithmuseums, GPS N 50°19.590‘ E 005°31.921‘

12 km

ca. 3 Std. 30 Min.

273 m/273 m

242-385 m

ohne Markierung, gelbes Kreuz (Nr. 2) (gelbes Kreuz (Nr. 1))

Wanderwege fast durchgehend eben, kurzer waldiger Auftakt, dann sonnig durch die Ebene um Wéris

Restaurant Les Lanternes am Start/Ziel, Cafeteria im Museum am Startpunkt

Altes Backhaus in Weris

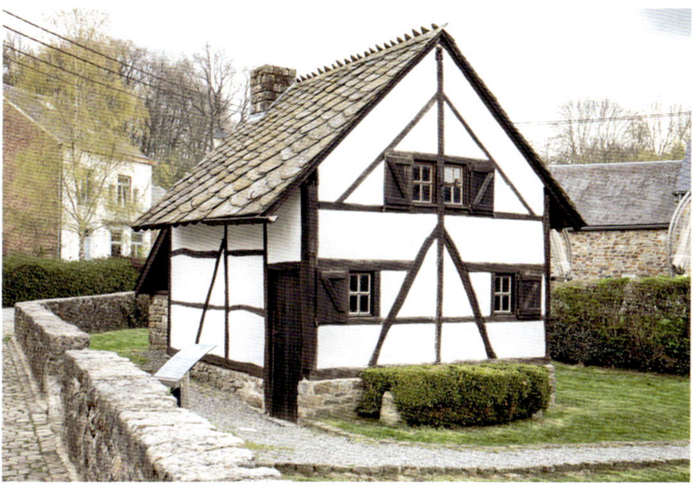

⛩	ca. alle 2 km
WC	im Museum
👪	Steinzeit hautnah erlebbar – zusammen mit einem Besuch des Museums ein tolles Erlebnis
🚼	Über die beschriebene Variante steht Ihnen auch mit Kinderwagen der größte Teil der Wanderung offen. Diese ist 1,1 km kürzer als die normale Wanderung und Sie überwinden gut 50 Höhenmeter weniger.
🐕	problemlos für Hunde, allerdings keine Trinkmöglichkeiten
✋ 👪 🐕	Sie müssen mehrere größere Straßen überqueren. Um sich den Menhir Danthine anzusehen, gehen Sie ein Stück am Fahrbahnrand einer Landstraße entlang.
P	Parkplatz nahe dem Museum
🚌	nur Schulbusse
☺	Wenn Sie mehr über die beiden Dolmen und die elf Menhire, den Steinbruch, den Hainastein und das Teufelsbett erfahren möchten, können Sie sich im Museum eine laminierte Beschreibung ausleihen.

⌘ ☕	Megalithmuseum, Place Arsène Soreil 7, 6940 Wéris, ☎ +32/(0)86/21 02 19, 💻 megalithes-weris.be, 🚪 Sep-Juni tägl. 10:00-17:30, Juli+Aug tägl. 10:00-19:00, Weihnachten und Neujahr geschlossen, Erw. € 2, Kinder bis 12 J. € 1,50, 👪 liebevoll gestaltete Ausstellung, die Kindern einen schönen Einblick in die Lebenswelt der Steinzeit gibt, 🚼 Ausstellung ist buggy- und behindertengerecht, 🐕 Hunde dürfen mitgenommen werden, ✕ Cafeteria mit Getränken und Snacks, ℹ Wanderinfos auf Anfrage an der Kasse
✕ ☕	Brasserie & Restaurant Les Lanternes, 💻 www.leslanternes.be, 🚪 Okt-März Do-Mo, April bis Mitte Sep tägl., jeweils Brasserie 11:00-20:30, Küche 12:00-14:00, 18:30-20:30, Mitte Sep bis Anfang Okt geschlossen, während der Schulferien Di geschlossen, gute regionale Küche, 👪 Kindergerichte vorhanden

Vom Startpunkt laufen Sie zunächst entlang der Rue des Combattants zwischen Restaurant und Museum hindurch, vorbei an den schönen Steinhäusern des Dorfes Wéris. Hinter der ✞ Kapelle biegen Sie links in die Rue de Marlaine ein. Am Straßenrand gehen Sie 100 m bergauf. Nach dem letzten Haus auf der linken Seite zweigt ein Schotterweg von der Straße ab. Zwischen Waldrand, Rodungen und Weißdornhecken erreichen Sie einen Forstweg (km 1,3). Wenden Sie sich nach links. Der Fichtenforst endet etwa nach 20 m. Hier zweigt nach rechts ein Weg ab. Sie erreichen ein Schild „La Carrière“ und folgen nach rechts einem Pfad bis zum ⌘ alten Steinbruch (km 1,5). Laufen Sie auf gleichem Weg bis zur Forststraße zurück und folgen Sie nach rechts weiter ihrem Verlauf.

Der Forstweg endet an einer ⛩ Bank an einer geteerten Straße. Leicht rechts sehen Sie einen Weg mit rot-weißem Sperrschild. Dort geht Ihre Wanderung weiter. Nach einer größeren Rodung auf der linken Seite durchqueren Sie einen älteren Baumbestand, dahinter schließt sich eine Schonung an. Von hier aus sehen Sie links des Weges einen keilförmigen Fichtenwald mit einer großen, abgestorbenen Fichte zuvorderst.

Vor diesem Waldstück zweigt links ein schmaler, undeutlicher Fußweg ab (km 2,9), ✋ den Sie leicht übersehen können. Bitte gehen Sie dort entlang.

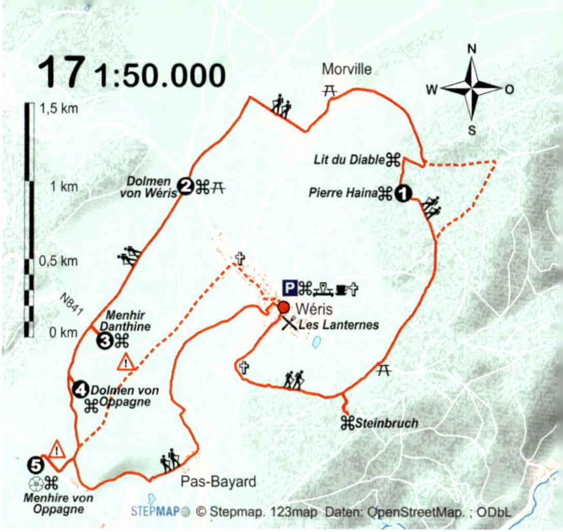

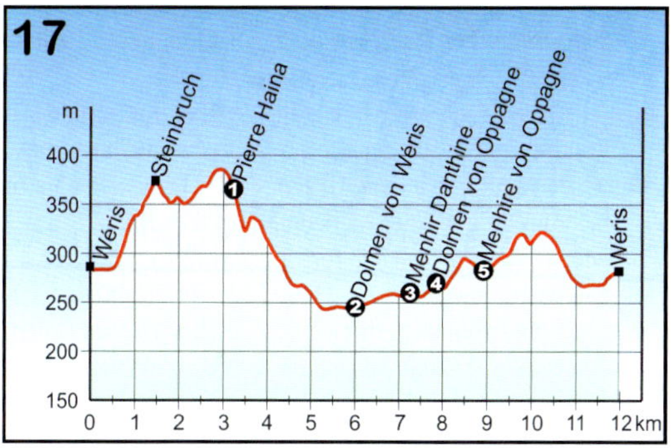

Mit Kinderwagen bleiben Sie für 600 m weiter geradeaus auf dem Forstweg. An der T-Kreuzung entscheiden Sie sich für links. Nach weiteren 500 m treffen Sie wieder auf den regulären Wanderweg.

Zu Fuß gehen Sie durch Fichtenwald, dann schauen Sie in ein idyllisches Tal. Am Ende einer Rodung führt links ein schmaler Pfad in einen Eichenwald und zur ⌘ Felsnadel Pierre Haina ❶ (km 3,3). Vor dem Felsen führt nach rechts ein Pfad zwischen Birken hindurch. Nach 200 m gelangen Sie zum ⌘ Lit du Diable, dem Teufelsbett (km 3,5). Auf dem breiten Weg gehen Sie nach rechts. Nach der Linkskehre mündet dieser in einen breiten Forstweg (km 4).

Mitwanderer mit Kinderwagen nehmen Sie hier wieder in Empfang.

Nach links bzw. mit dem Kinderwagen geradeaus treten Sie aus dem Wald heraus. Über die asphaltierte Straße gelangen Sie zur Hauptstraße in Morville. An der Picknickbank (km 4,6) wenden Sie sich nach links und am nächsten Abzweig – gegenüber der Bushaltestelle – nach rechts. Die Straße ist viel befahren. Bitte benutzen Sie den linken Fahrbahnrand.

Vorbei an mehreren großen Höfen und Kuhwiesen gelangen Sie nach 500 m zu einer Betonstraße und folgen dieser nach links. Zwischen Wiesen haben Sie nun einen freien Blick durch das Tal. Bei km 6 überqueren Sie die verkehrsreiche Rue des Dolmens und sehen schon den ⌘ Dolmen von Wéris ❷ vor sich, daneben eine Bank.

Dolmen sind große Steinblöcke, die von Menschen in der Jungsteinzeit zu Grabkammern aufgeschichtet wurden. Menhire hingegen hatten mehrere Funktionen (von denen wir wissen). Diese aufgerichteten Steintafeln dienten rituellen und astronomischen Zwecken oder zur Orientierung unterwegs.

Ab jetzt gilt die Markierung „gelbes Kreuz (Nr. 2)". Der Weg mündet in die Route d'Erezée. Biegen Sie am Fahrbahnrand nach links ab. Nach 150 m stehen Sie am ⌘ Menhir Danthine ❸ (km 7,3). Überqueren Sie nun die Fahrbahn und gehen Sie zum Weg mit der Markierung „gelbes Kreuz" zurück. Hier setzen Sie Ihre Tour entlang der Wegzeichen fort. Bei km 7,9 erreichen Sie den ⌘ Dolmen von Oppagne und fünf Menhire ❹. Diese liegen etwa 100 m neben dem Wanderweg und sind über den Fußpfad zu erreichen. Zwischen Hecken laufen Sie nun bis zur T-Kreuzung (km 8,8). Hier trennen sich die Wege von Wanderern mit und ohne Kinderwagen.

Mit Buggy ist die Markierung „gelbes Kreuz (Nr. 1)" nach links jetzt verlässlich. Noch einmal durchwandern Sie das schöne Tal und sehen den Dolmen von Oppagne. Bei km 9,4 überqueren Sie erneut die Route d'Erezée. Geradeaus erreichen Sie Wéris und biegen bei km 10,4 gegenüber einer ✞ Kapelle nach rechts ab. Nach 250 m gabelt sich am Lebensmittelladen die Straße. Sie nehmen den linken Abzweig und wenden sich bei nächster Gelegenheit nach rechts in die Rue de Heyd. Geradeaus gelangen Sie zurück zum Startpunkt.

Als Wanderer ohne Kinderwagen halten Sie sich weiter an das gelbe Kreuz (Nr. 2). Sie wandern nach rechts. Nach etwa 20 m gelangen Sie zur nächsten Gabelung. Hier geht es erst einmal – entgegen der Wegzeichen – nach rechts bis zur Rue Soussy. Bitte überqueren Sie die Straße vorsichtig.

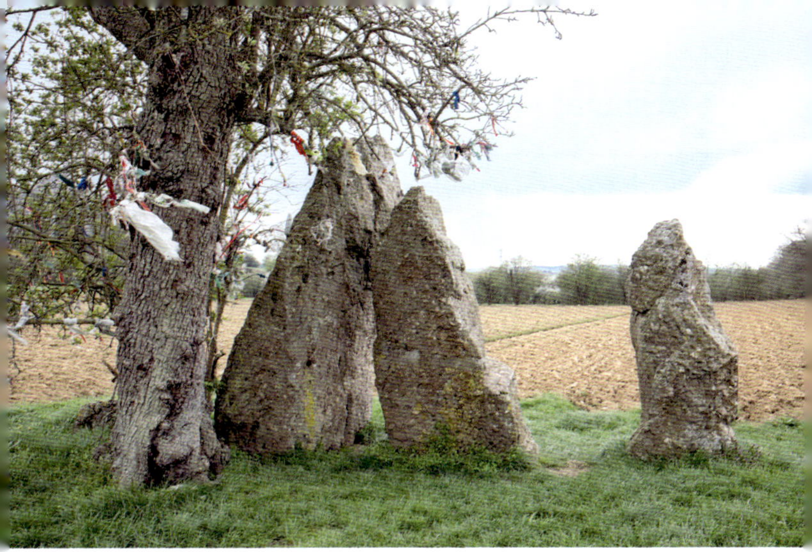

Menhire von Oppagne

Rechts sehen Sie auf dem nächstgelegenen Feld einen ✿ ⌘ einzelnen Baum und die drei Menhire von Oppagne ❺ (km 8,9), die Sie über einen Feldweg erreichen. Auf gleichem Wege kehren Sie zurück: Vom Feldweg gehen Sie nach rechts auf die Rue Soussy, überqueren diese bei der nächsten Einmündung und laufen dort den Pfad 250 m zurück bis zur Gabelung.

Nun wenden Sie sich nach rechts und können wieder der Markierung folgen. Durch ein Bachtal erreichen Sie den Ortsrand von Wénin. Nach links laufen Sie zwischen Wohnhäusern hindurch, dann durch einen Hohlweg nach Pas-Bayard.

Sobald die Dorfstraße in eine weitere Straße einmündet, finden Sie gleich links einen Fußpfad längs eines Baches, dem Sie nun folgen. ✋ Hier fehlt die Markierung. Nach 600 m erreichen Sie erneut die Route d'Erezée. ✋ Für 100 m gehen Sie nach links am Fahrbahnrand entlang und wechseln die Straßenseite am abzweigenden Weg.

In Richtung der Kirche von Wéris erreichen Sie das Dorf. Ohne Markierung gehen Sie nach rechts, in einem Bogen um die Kirche herum. An der kommenden Straßenecke steht die Nachbildung eines Menhirs mit der Aufschrift „Werix". Biegen Sie hier nach links zur ✝ Kirche ab. Eine Treppe führt Sie hinauf zum Kirchhof, dann geradeaus auf einen kopfsteingepflasterten Platz. Nach rechts kommen Sie am ⌘ historischen Backhaus (km 12) vorbei. Dann sind es nur noch wenige Meter bis zur Rue de Heyd, auf der Sie nach rechts wieder zum Megalithmuseum gelangen.

⑱ Achouffe – im Geburtstal der Feen

WC

Tour für Genießer und naturliebende Familien

Im Volksglauben der Ardennen existierten nicht nur bierbrauende Zwerge, sondern auch Hexen und Feen. Letztere lebten – so erzählte man sich – im schwer zugänglichen Tal des Baches Martin Moulin und wurden im Flussnebel geboren. Ob Sie dort Feen begegnen, wer weiß? Die stolzen Burgen der Biber werden Sie auf jeden Fall entdecken.

Start/Ziel: am Wanderparkplatz neben der Brauerei d'Achouffe, GPS N 50°09.037' E 005°44.782'

9,4 km

ca. 3 Std.

268 m/268 m

324-429 m

blau-weiß-blau (Nr. 27), ohne Markierung, blaues aufrechtes Rechteck (T)

schmale Wanderwege und entlang des Wassers teilweise schwierige Pfade, ein Abstieg entlang eines Bergrückens, meist schattig

mehrere Lokale in Achouffe

Bänke bei km 3,3 und in Achouffe

WC öffentliche Toilette neben dem Chouffe-Shop an der Bushaltestelle

Chouffe-Shop auf der Rückseite der Taverne (km 9,3)

Entlang des Baches reiht sich ein Biberbau an den anderen. Der wilde Weg am Wasser macht besonders an heißen Tagen Spaß. Wenn Ihre Kinder auch in den Bergen gut zu Fuß sind, dann ist das der perfekte Ausflug. ☺ Nehmen Sie Wechselkleidung mit!

für Kinderwagen ungeeignet

problemlos für Hunde

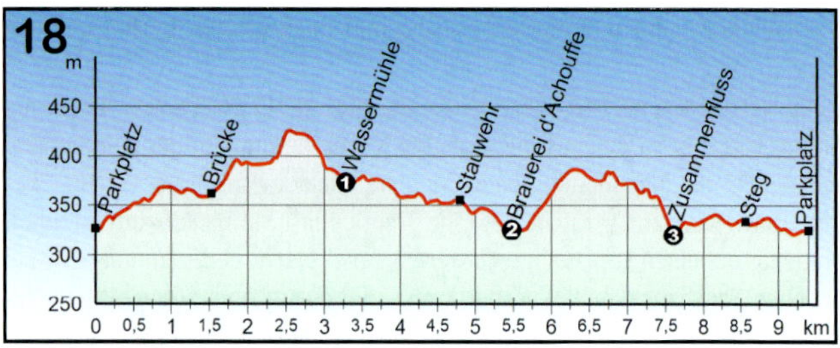

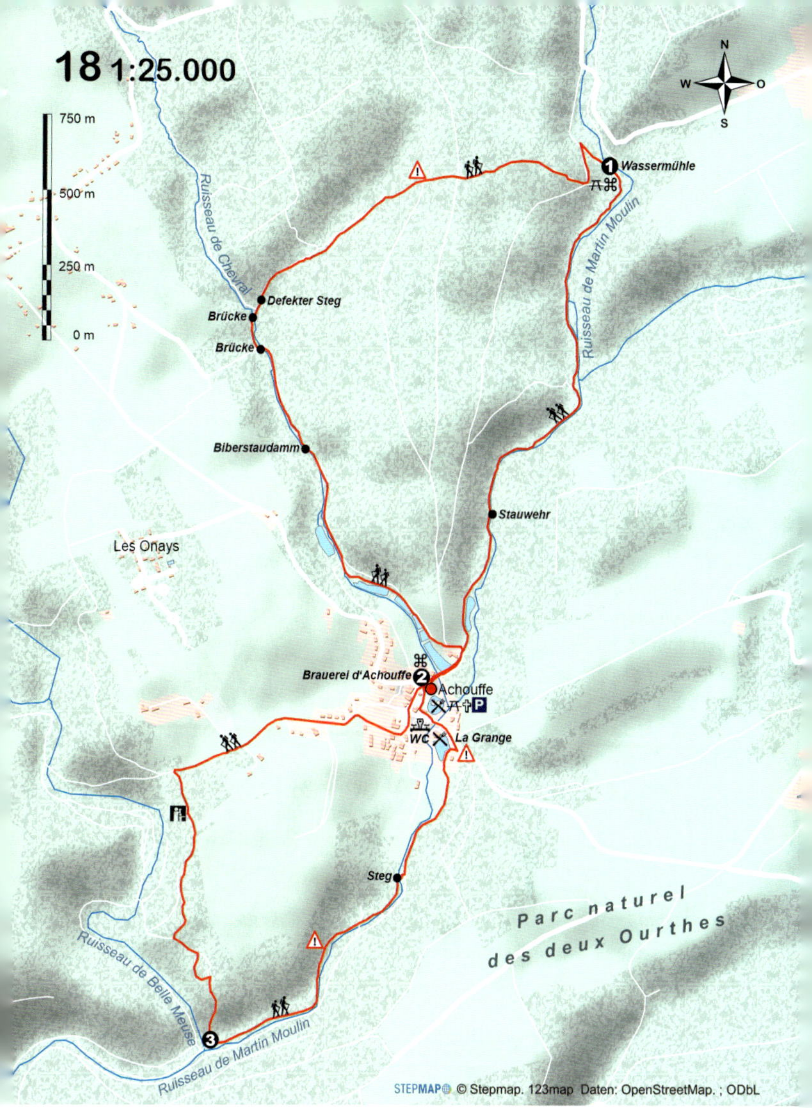

P Parkplatz am Start/Ziel

nur Schulbusse

☝ Bei Hochwasser ist der Weg nicht passierbar. Bitte erkundigen Sie sich vorab im Touristenbüro in Nadrin (☞ Tour 20).

Schauen Sie vom Parkplatz in Richtung der Brauerei (rote Zipfelmütze) und folgen Sie der blau-weiß-blauen Markierung (Nr. 27) nach rechts. Über die Brücke an Fischteichen vorbei geht es leicht bergauf. Hinter dem Haus zur Linken führt Sie die Markierung nach links auf einen unebenen Fußweg.

Zwerge sind die sympathischen Werbeträger für die Brauerei Chouffe im Ort Achouffe. Was 1970 als Hobbyprojekt zweier Schwager begann, ist heute ein bekanntes belgisches Unternehmen. Die Brauerei legt dabei Wert auf Umweltverträglichkeit und Naturnähe – und auf den Mythos der bierbrauenden Zwerge Marcel, Malcom, Matthew und Micheline. Die fahren auf Einrädern durch die Brauerei, liefern das Bier per Gänseflugtransport aus und sind allgemein fleißig und naturverliebt. Angelehnt haben das die Besitzer offenbar an die Nutons, eine Art Zwerge oder Elfen, die im Volksglauben überall in den Ardennen vorkommen. Das Tal des Martin Moulin, durch das Sie heute laufen, ist der Sage nach einer der Geburtsorte der Nutons. Anderen Quellen zufolge werden im Flussnebel Feen geboren. Geben Sie also an nebligen Tagen bitte acht – diese Wesen sollen nicht immer nur freundlich sein!

Zunächst weiter entlang der Fischteiche folgt der Pfad dem Bach Ruisseau de Chevral. Schieferfelsen, viel wilde Vegetation und eine ganze Galerie Biberdämme säumen Ihren Weg.

Überqueren Sie die Brücke (km 1,5) und folgen Sie weiter dem Bach. Nach 200 m folgt eine weitere Brücke zurück zum ursprünglichen Ufer. Nun gehen Sie durch das Tal Vallon de Hariwé. Dafür überqueren Sie den schmalen Zufluss zum Ruisseau de Chevral. Man sieht noch die Überreste eines Steges, nun bleibt Ihnen nur etwas Geschick und Fantasie, um nasse Füße zu vermeiden.

Erst durch Besenginster, bald in tiefem Forst folgen Sie dem bequemen Weg. Nach der Kuppe laufen Sie sanft bergab, dann wird der Weg steiler und deutlich steiniger.

☝ 👪 Hier müssen Sie sich konzentrieren. Jüngere Kinder benötigen Hilfe.

Am Ruisseau de Martin Moulin wenden Sie sich nach rechts und erreichen eine Bank und die Brücke zur ⌘ Wassermühle ❶ (km 3,3). Die Mühle befindet sich in Privatbesitz (keine Besichtigung möglich). Neben der Bank steigen Sie einen steilen Pfad nach Achouffe hinauf.

Auf 1,5 km ist Ihr Weg nun ein sehr schwieriger Saumpfad, der ✋ bei Hochwasser unpassierbar ist. Bitte erkundigen Sie sich im Vorfeld nach den aktuellen Bedingungen.

Durch ursprüngliche Flusslandschaft erreichen Sie eine Felsnase (km 4,7), von der aus Sie auf den Bach schauen, danach ein Stauwehr. Der Weg verläuft nun zwischen Bach und Kanal, dann neben einem Zaun und über eine Betonbrücke, die über den Kanal führt. Sie gelangen auf einen ebenen Weg.

Am Ende des Fischteichs halten Sie sich rechts. Vorbei an der Brauerei ❷ (km 5,5) laufen Sie durchs Dorf, ab hier ohne Wegzeichen. Gehen Sie bis zur T-Kreuzung, wo Sie nach links auf die Hauptstraße abbiegen. Sie passieren die ✞ Kapelle Saint-Joseph (km 5,6).

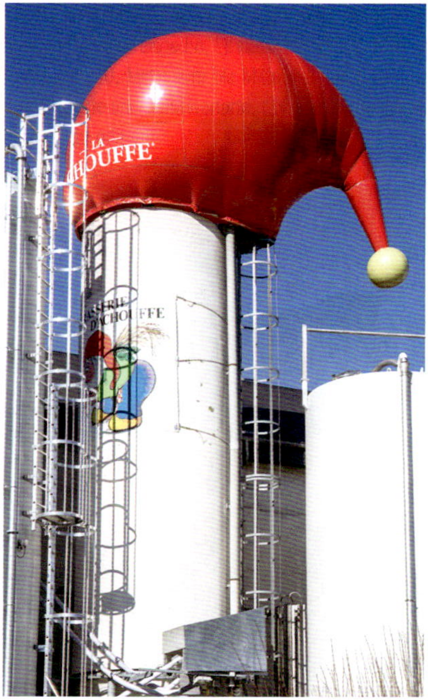

Brauerei d'Achouffe

⌘ Brauerei d'Achouffe, Achouffe 32, 6666 Achouffe, ☏ +32/(0)61/23 04 44, 💻 www.achouffe.be, 🚪 Mo-Fr 9:00-12:00 und 13:30-17:00, Juli und Aug Mo-Fr 9:00-17:00, Sa und So 10:00-18:00, 25.12.-01.01. geschlossen, Erw. € 9, Kinder 12-15 J. € 5, Brauereibesichtigung (1 Std. 30 Min.) nach Voranmeldung

✕ ☕ Taverne d'Achouffe, Achouffe 9, 6666 Achouffe, ☏ +32/(0)61/28 94 55, 💻 www.achouffe.be, 🚪 Do-Mo 11:00-20:30, Mitte Sep und Mitte Dez je eine Woche geschlossen, bitte reservieren, 👪 🐕 Kinder und Hunde willkommen

Am nächsten Abzweig neben dem Marienbild verlassen Sie nach rechts die verkehrsreiche Hauptstraße wieder. Die Markierung „blaues aufrechtes Rechteck, (T)" leitet Sie, manchmal auch ein mit Farbe aufgemaltes „T". Bergauf gewinnen Sie schnell an Höhe.

Schon bald lassen Sie das Dorf hinter sich und haben einen schönen Rundumblick. Dann führt Ihr Weg an einem Fichtenforst vorbei.

Bis zum Ende der Fichten gehen Sie geradeaus. Dahinter wechseln Sie nach links auf einen schmalen, leicht zu übersehenden Fußpfad. Der Pfad führt in eine Senke mit tollem Blick ins Tal der Belle Meuse.

Jüngere Kinder benötigen hier Hilfe.

Baumschmuck

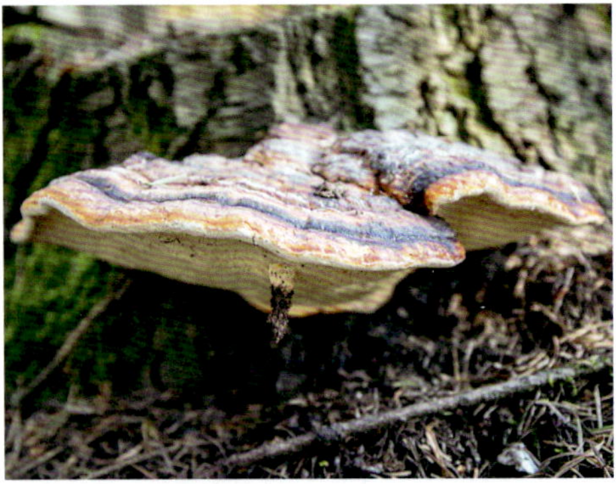

Sie kommen an einem zugewachsenen Aussichtspunkt vorbei (km 6,7). Durch den Wald erreichen Sie den Waldrand und wandern an der Talkante durch Schluchtwald über einen Bergrücken.

Auf dem breiteren Weg (km 7,2) gehen Sie am Wegweiser „Les Brulés au Grand Sart" etwas nach links und wenig später nach rechts. Im Wald finden Sie nun große Schieferblöcke. Hier dürfen Sie entscheiden, ob Sie lieber dem deutlichen Wanderweg weiter geradeaus oder dem undeutlichen Fußpfad rechts um die Felsen herum folgen möchten. Beide sind markiert und münden in denselben Weg.

Mit kleinen Kindern ist der breitere Weg zu empfehlen.

Einem breiten Grat zwischen alten Eichen folgend steigen Sie über Felsstufen bergab, bis Sie zum Zusammenfluss von Belle Meuse und Martin Moulin ❸ (km 7,6) gelangen. Sie wenden sich nach links und bleiben nun am Ufer des Martin Moulin. Der Uferpfad führt Sie durch lichten Auwald.

Achtung! Zwischen km 8,2 und km 8,3 ist die Uferböschung weggebrochen. Hier müssen Sie in den Hang ausweichen. Jüngere Kinder benötigen Hilfe.

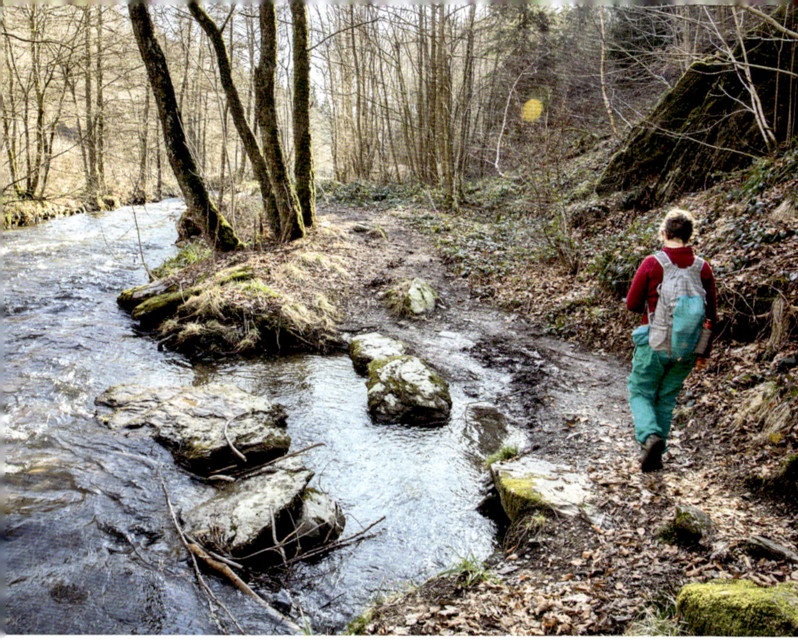

Der Weg verläuft auch entlang des Flusses

Sie überqueren den Fluss über einen Steg. Kurz laufen Sie rechts des Flusses, bevor dieser nach links knickt und Sie vor sich einen Zaun sehen, an dem eine Fichtenreihe verläuft. ✋ Die Markierung fehlt hier. Steigen Sie die erdigen Stufen hinauf zur Fichtenreihe und laufen Sie entlang des Zauns bis zur Landstraße (km 9). Dort gehen Sie nach links, vorbei am ✕ ☕ Restaurant La Grange.

✕ ☕ La Grange, Achouffe 7, 6666 Achouffe, ☏ +32/(0)61/28 86 01, Fr-Di 10:00-17:00 und 18:00-20:00, Spezialitäten: Forelle und Gegrilltes, bitte reservieren, kleine Speisen für Kinder, Hunde im Gastraum bitte anleinen

Dann überqueren Sie die Brücke, ✋ wechseln die Fahrbahnseite und laufen über den Busplatz auf den Chouffe-Shop zu (km 9,3). Daneben finden Sie ein öffentliches WC.

Zwischen den Gebäuden biegen Sie nach rechts in den Chouffe-Park ab. Am Ende des Parks wenden Sie sich nach rechts, dann endet diese Wanderung.

19 Engreux – am Zusammenfluss der Ourthen

Tour für Vogelbeobachter und einen schönen Tag am Wasser und im Wald

Engreux schmiegt sich in eine Senke. Dennoch liegt es oben auf dem Plateau über dem Ourthestausee. Diese Wanderung führt Sie zum Zusammenfluss der östlichen mit der westlichen Ourthe und damit zu einem stillen, schönen Vogelparadies.

- Start/Ziel: Parkplatz neben der Kirche in Engreux, GPS N 50°07.293' E 005°42.091'
- 9,2 km
- ca. 3 Std.
- 243 m/243 m
- 284-410 m
- rotes Rechteck, blaue Raute (Nr. 2), ohne Markierung
- ruhige Dorfstraßen, breite Waldwege, ab dem Stausee ist Sicherheit im Gelände gefragt, eher schattig als sonnig
- keine Einkehrmöglichkeit
- Picknickplätze bei km 6,6 und kurz vor dem Ziel in Engreux
- Bei dieser Tour geht es herrlich bergauf und bergab. Spannend ist das Stauwehr und bestimmt sehen Sie unterwegs einige Tiere. Zum Abschluss lockt ein großer Abenteuerspielplatz. An einigen Stellen brauchen jüngere Kinder Hilfe.
- Nur die ersten 2,6 km sind befahrbar, dann müssen Sie mit Buggy umkehren.
- problemlose Tour für Hunde
- Parkplatz am Start/Ziel
- nur Schulbusse

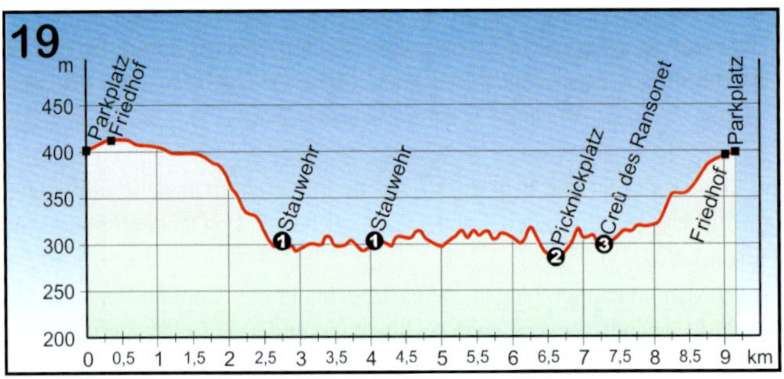

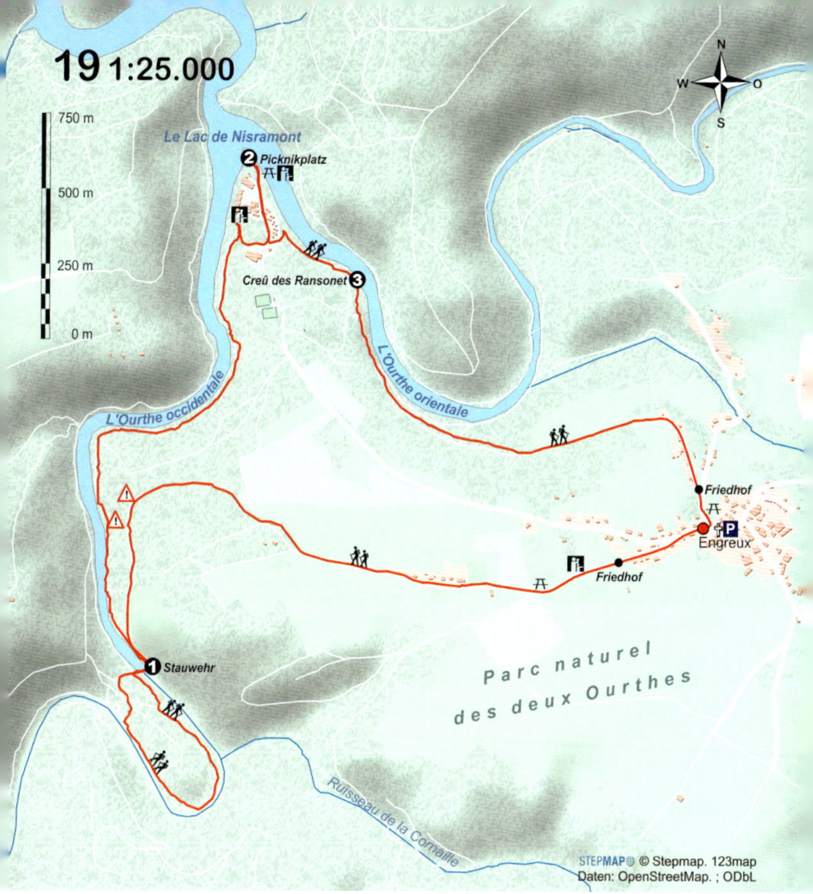

Zwischen der ✝ Kirche und dem – inzwischen geschlossenen – Lokal Vieil Engreux laufen Sie die ruhige Straße entlang. Sie finden die Markierung „rotes Rechteck".

Es geht am Friedhof und einem großen, alten Baum vorbei. Dann verlassen Sie das Dorf und haben einen tollen Rundumblick. An einer Weggabelung passieren Sie eine Bank und wandern auf der geteerten Straße weiter. Diese geht bei km 1,5 in einen Feldweg über. Noch schauen Sie über die Anhöhen, doch schon bald treten Sie in dichten Forst ein. Nach einer Linkskurve wird der Weg steiler und der Forst geht in natürlichen Schluchtwald über.

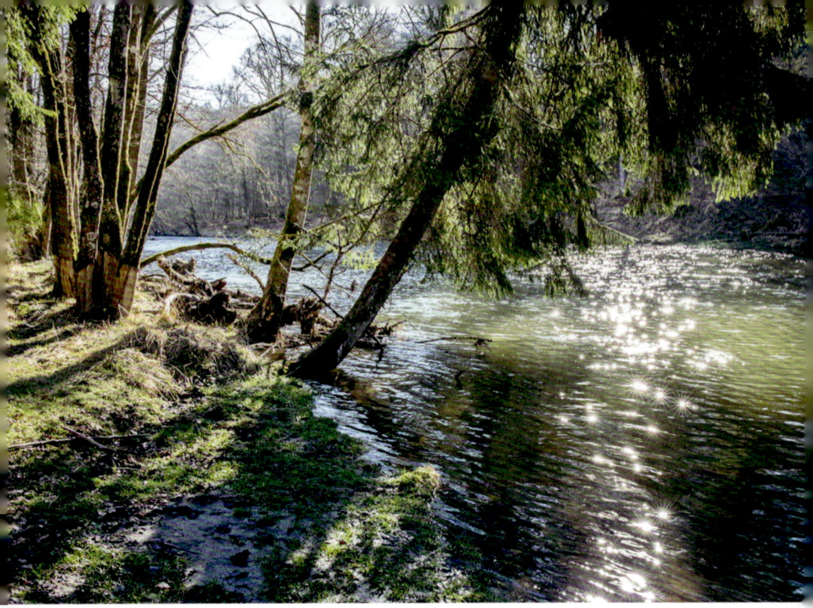

An der Ourthe

Falls Sie mit jüngeren Kindern unterwegs sind, sollten Sie diese hier an die Hand nehmen, es besteht Absturzgefahr.

Sie erreichen das Ufer der westlichen Ourthe (km 2,6).

Mit dem Kinderwagen müssen Sie nun leider umkehren.

Gehen Sie nun am Ufer nach links. Das Stauwehr ❶ (km 2,8) überqueren Sie, dann führen ein paar Stufen links des Wehrs auf eine Wiese. Nach wenigen Metern wird ein Trampelpfad erkennbar und Sie finden die nächsten Wegzeichen. Sie laufen auf der Innenseite der Ourtheschleife entlang. Während sich Enten und Graureiher ein Stelldichein geben, haben Sie einen schönen Blick übers Wasser und auf das steile Ufer.

Dann nähert sich der Uferweg bei km 3,8 deutlich dem Fluss. Hier finden Sie einen Wegweiser „blaue Raute (Nr. 2)", dem Sie einen undeutlichen und sehr steilen Pfad hangaufwärts folgen.

Jüngere Kinder brauchen hier Hilfe.

Der knackige Anstieg ist nur kurz, dann haben Sie den Bergrücken überschritten. Leider fehlen weitere Markierungen. Folgen Sie dem Pfad, bis Sie auf eine Fahrstraße treffen. Nach rechts bergab und nach wenigen Schritten wieder nach links gehen Sie durch den Wald und sehen schon das Stauwehr. Eine steile Passage (km 4) überwinden Sie und erreichen erneut das Wehr.

Zurück auf der ursprünglichen Ourtheseite gehen Sie zurück bis zu der Stelle, an der Sie vorhin auf den Uferweg getroffen sind, und dann weiter geradeaus. Der erst einfache Pfad wieder kniffeliger, Sie überwinden Felstreppen dicht am Ufer oder am steil abfallenden Hang. Nach Regenfällen kann der Weg unangenehm glatt sein!

Wegimpression

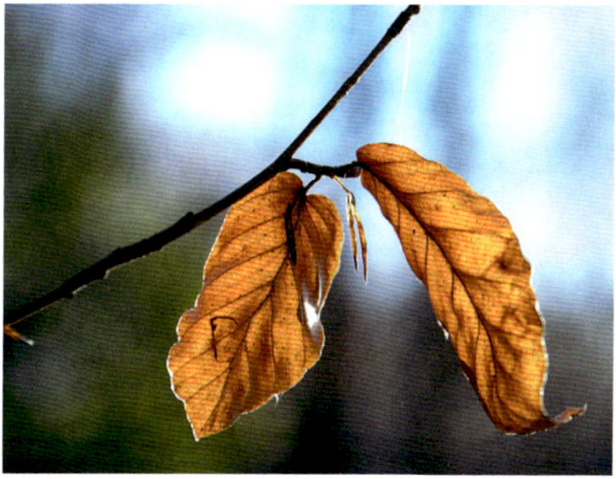

Sie erreichen einen ein wenig zugewachsenen Aussichtspunkt hinter einem Holzgeländer (km 6,1). Am Geländer schwenkt der Weg nach rechts. Sie passieren eine Turnhalle und gelangen bei km 6,3 auf eine asphaltierte Straße. Bergab erreichen Sie eine rote Wegschranke. Daran vorbei gehen Sie bis zur Landspitze. Hier finden Sie einen schönen Picknickplatz ❷ mit prächtigem Panorama am Zusammenfluss der östlichen und der westlichen Ourthe (km 6,6).

Sie schauen gerade auf drei Flüsse, nämlich die Ourthe orientale, die Ourthe occidentale und auf ihren Zusammenfluss – die Ourthe. Ourthe occidentale und Ourthe orientale sind Zwillinge. Beide entspringen auf etwa 500 m Höhe und legen einen Weg von knapp 50 km zurück, bevor sie hier im Stausee zur Ourthe verschmelzen. Auch die Dörfer, in denen sie entspringen, tragen ähnliche Namen: Im Osten ist es das Dorf Ourthe im Bezirk Gouvy und im Westen das Dorf Ourt im Bezirk Libramont. Kein Wunder, denn der Namensstamm „ûr" taucht in vielen europäischen Sprachen im Zusammenhang mit „Wasser" oder „nass" auf.

Der Stausee der Ourthe entsteht durch den Damm von Nisramont, eine 16 m hohe Staumauer. Dort wird Trinkwasser und Strom erzeugt.

Gehen Sie auf gleichem Wege wieder zurück bis zur Stelle, an der Sie vorhin die Straße erreicht haben, und biegen Sie links in den Fußweg zwischen Holzzäunen ein. Zügig wandern Sie zum Ufer hinunter. Bei km 7,3 finden Sie das steinerne Kreuz Creû des Ransonet ❸.

Weiter geht es Richtung Engreux

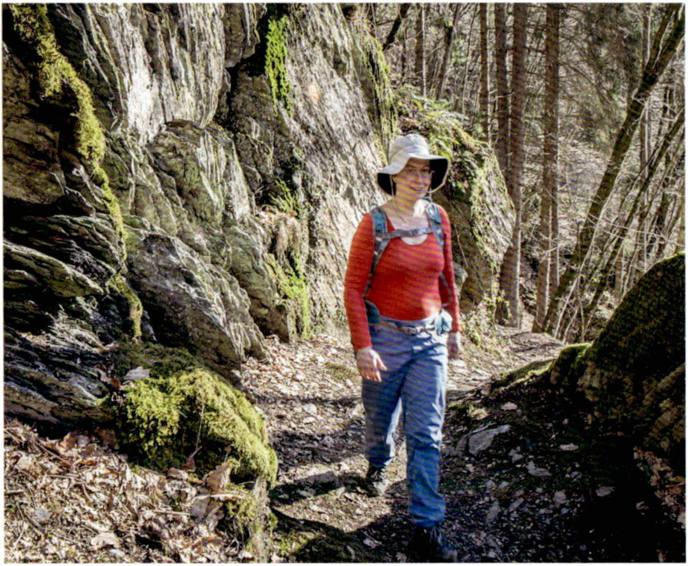

An der kommenden Gabelung wählen Sie links den Uferweg. Dann wird der Weg breiter und führt Sie an der nächsten Gabelung (km 7,6) bergauf in Richtung Dorf. Die Landschaft öffnet sich, Sie erreichen die ersten Häuser von Engreux.

Nach der deutlichen Rechtskurve laufen Sie direkt auf die Kirche zu. Bevor Sie am Ziel ankommen, finden Sie gegenüber dem Kirchhof noch einen schönen Picknickplatz mit großem Abenteuerspielplatz.

20 Nadrin

Tour für sportliche Wanderer und Familien mit älteren Kindern

Tief eingeschnittene Flusstäler und wiesenbestandene Höhen, dazwischen uriger Schluchtwald – das ist die typische Landschaft der Ardennen. Auf dieser anspruchsvollen Runde lernen Sie ihre Seele kennen.

- Start/Ziel: Parkplatz vor der Touristeninformation, GPS N 50°09.541' E 005°40.918'
- 15,1 km
- ca. 4 Std. 30 Min.
- 497 m/497 m
- 261-449 m
- ohne Markierung, weiß-rot (GR 57), weiße Welle auf blauem Grund (Eislek Trail)
- durchgehend schöne, wenn auch schwierige Wege, ein mit Stahlseilen versicherter Felsaufstieg und eine echte Keltenstraße, 700 m am Rand einer Landstraße entlang
- mehrere Lokale und eine Friterie in Nadrin
- WC am Start/Ziel (Touristenbüro)
- Ab km 7,1 finden Sie jeden Kilometer eine Bank.

Die Kapelle Sainte-Marguerite finden Sie am Wegpunkt 1

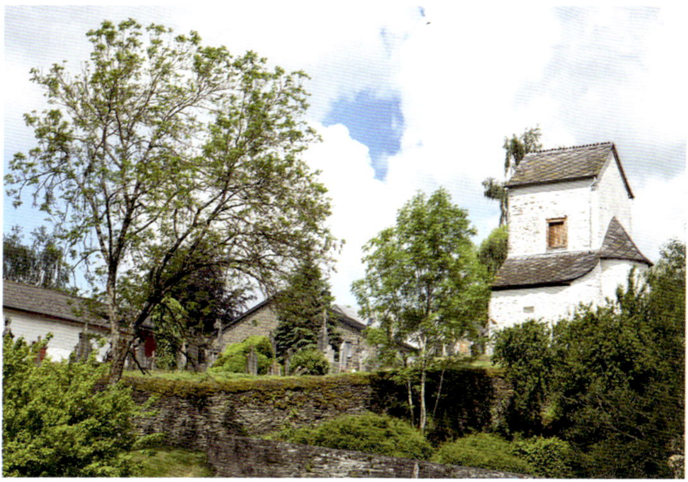

Lebensmittelgeschäfte, Bäcker mit Eisdiele und Apotheke in Nadrin

Diese Wanderung ist wirklich lang und anstrengend, jedoch so spannend und abwechslungsreich, dass ältere und wanderlustige Kinder viel Freude daran haben werden. Es gibt unterwegs eine Felsengrotte, Kletterei, ein Keltenfort samt Keltenstraße, viel Wasser und Wald und vielleicht zum Schluss gute belgische Fritten.

Mit Kinderwagen ist die Runde nicht möglich.

Für Hunde könnte der Weg zu lang und an vielen Stellen auch zu schwierig sein. Spätestens der versicherte Felsaufstieg ist nur mit Gebirgserfahrung zu empfehlen.

Parkplatz am Start/Ziel

nur Schulbusse

Bei Hochwasser ist die Uferpassage nicht begehbar. Bitte erkundigen Sie sich im Voraus beim Touristenbüro.

Touristenbüro, Place du Centre 4, 6600 Nadrin, ☏ +32/(0)84/44 46 20, www.nadrin-le-herou.be, Juli+Aug Mo-So 10:00-13:00 und 13:30-16:30, sonst Sa, So+Fei 10:00-15:00, Jan geschlossen, WC

Direkt hinter dem Restaurant La Plume d'Oie zweigt die Straße nach Ollomont rechts ab. Gehen Sie dort entlang. Da die Straße verwinkelt ist, werden Sie von Autofahrern erst spät gesehen. Halten Sie sich daher am besten äußerst links.

An der nächsten Weggabelung gehen Sie rechts leicht bergauf und an der übernächsten Gabelung wieder nach links, immer entlang der Hauptstraße von Ollomont. Dabei umrunden Sie die Margaretakapelle entgegen dem Uhrzeigersinn.

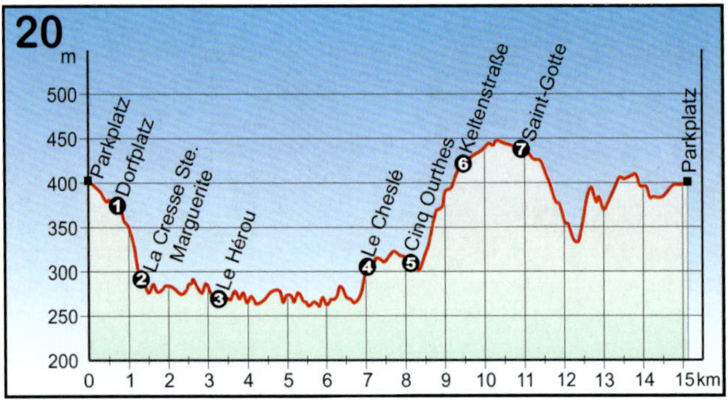

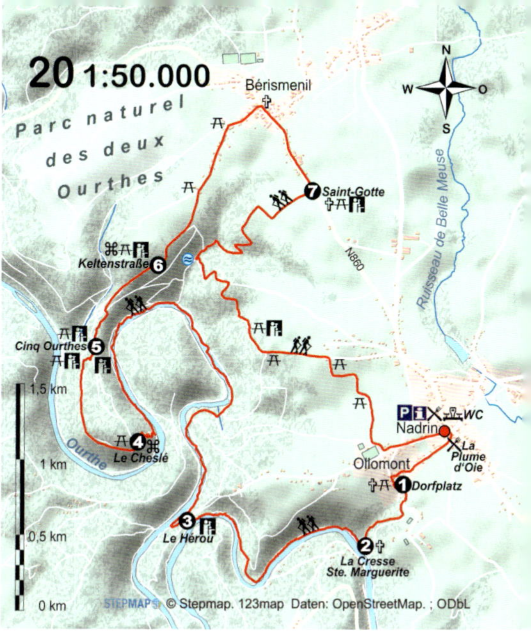

✝ Das Wahrzeichen von Ollomont ist die Kapelle Sainte-Marguerite. Ihr ungewöhnliches, leicht unförmiges Aussehen hat einen Grund: Es sind die Überreste einer romanischen Pfarrkirche. Als diese baufällig wurde, entschied man sich zum Abriss. Die Steine wurden zum Neubau der Kirche in Nadrin verwendet. Übrig blieben die Apsis und das Chorgestühl mit dem Chorturm, der auf die Hälfte gekürzt und mit dem Satteldach versehen wurde. Denken Sie sich einen Saalbau an Stelle des Friedhofs und einen höheren Turm, dann ergeben die jetzigen Proportionen wieder einen Sinn.

Entlang der Friedhofsmauer erreichen Sie den Dorfplatz ❶ (km 0,7) mit einer 🐕 wassergefüllten Tränke und einer ⊼ Picknickbank. Sie gehen zwischen Bank und Wohnhäusern entlang. Nach 100 m zweigt rechts ein Waldweg mit der weiß-roten Markierung (GR 57) ab. Der Weg ist schmal, von Vegetation eingerahmt und recht steil und anspruchsvoll. ✋ Sie benötigen Trittsicherheit – gerade nach Regenfällen!

✝ Bei km 1,3 knickt der Weg deutlich nach links ab. Hier zweigt ein Pfad zur Heiligenfigur La Cresse Ste. Marguerite ❷ ab. Über den Pfad zurück gelangen Sie wieder auf den Wanderweg.

Weiter geht es abwärts ins Ourthetal, wo Sie zum schattigen Uferweg gelangen. Bald erreichen Sie eine Rodung, danach laufen Sie auf große Fichten zu und der breitere Weg nimmt eine Rechtskurve bergauf. Wechseln Sie auf den schmalen Abzweig nach links, der weiter dem Flussverlauf folgt. ✋ Die Markierung ist leicht zu übersehen.

Der schmale Weg wird felsiger, flache Schieferfelsen ragen teilweise bis in den Fluss. Dann steigt links neben Ihnen die Felsplatte Le Hérou empor. Mit einer Kette gesichert steigen Sie den Gebirgspfad (km 3,2) hinauf bis zum Aussichtspunkt Le Hérou ❸.

Die Markierung weist nun nach links wieder zur Ourtheschleife hinunter. Auch dieser Pfad erfordert Ihre Konzentration. Am Ufer angekommen folgen Sie dem Fluss nach rechts (km 3,4). Nun können Sie für 3,4 km die Flusslandschaft genießen. Dabei müssen Sie einige Uferfelsen überkletteren. Nach einer lang gestreckten Linkskurve weist die Markierung (km 6,8) einen steilen Zickzackweg hinauf, an dessen Ende Sie das ⌘ Keltenfort Le Cheslé ❹ erwartet.

Das Keltenfort Le Cheslé

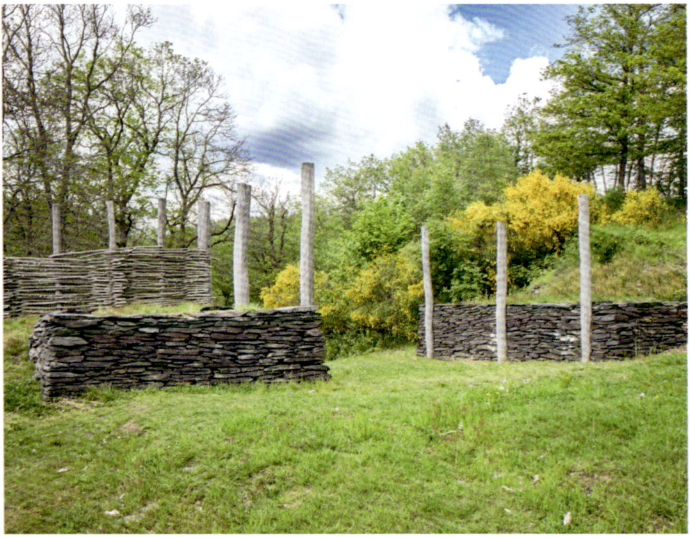

⌘ Hier auf der Anhöhe oberhalb der Ourtheschleife bewohnten Kelten zwischen dem 8. und 5. Jh. v. Chr. ein befestigtes Fort. Es wurde von einer Doppelmauer von 6 m Höhe, so war man vor Angreifern bestens geschützt. Eine Rekonstruktion aus Originalsteinen, die bei den Grabungen gefunden wurden, gibt einen schönen Eindruck, wie imposant das alles einmal gewirkt haben muss.

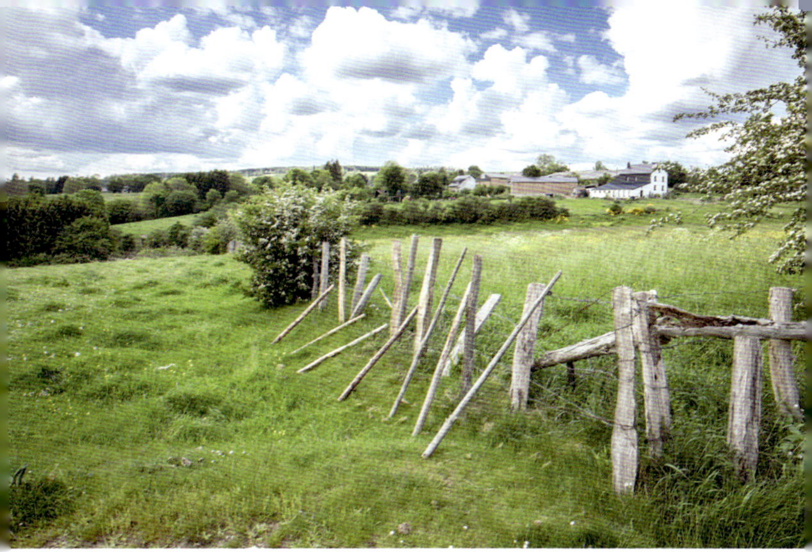

Wegimpression in Richtung Bérismenil

Über einige Treppenstufen gelangen Sie bei einer ⛬ Bank auf einen breiten Weg. Nach links folgen Sie nun der Markierung „weiße Welle auf blauem Grund" durch die Keltenanlage. Rekonstruierte Palisaden, aber auch das Ourthetal dahinter können Sie besonders schön von der ⛬ Aussichtsliege (km 8) genießen. Hier finden Sie auch Informationen zu den archäologischen Ausgrabungen (Fr/Ne).

Nach links führt nun wieder ein schmaler Pfad den Bergrücken entlang. Dabei passieren Sie einen Aussichtspunkt (km 8,1), dann den ⛬ Aussichtspunkt Cinq Ourthes ❺ (km 8,9).

Früher waren die Hänge der Flussschleifen weniger stark bewaldet als heute. Daher konnte man von hier aus „fünf Ourthen" sehen. Heute brauchen Sie etwas Fantasie, um tatsächlich auf fünf unterscheidbare Abschnitte der Ourthe zu kommen.

Der schmale Weg mündet bald in einen breiteren. Dieser führt Sie bergauf nach Bérismenil. Auf dem Weg dorthin finden Sie eine ⌘ ⛬ Aussichtsbank und Schleifspuren auf dem Weg ❻ (km 8,9). Hierbei handelt es sich um eine Keltenstraße, die Schleifspuren wurden durch Fuhrwerke verursacht.

Sie gelangen zum Ortsrand von Bérismenil und biegen am nächsten Abzweig nach rechts ab. Nun laufen Sie ohne Markierung weiter geradeaus bergauf. Bei km 10,2 endet die Steigung und Sie erreichen die Hauptstraße gegenüber der ✝ Kirche.

✋ Wechseln Sie hier die Fahrbahnseite und gehen Sie 700 m nach rechts am Straßenrand entlang. Rechnen Sie mit viel Verkehr. Sobald Sie das Ortsausgangsschild hinter sich haben, gehen Sie bis auf die Kuppe und überqueren die Fahrbahn ein weiteres Mal in aller Vorsicht.

Vor sich sehen Sie nun die ✝ weiße Kapelle Saint-Gotte mit einer schönen ⛺ Aussichtsbank davor ❼. Hier verlassen Sie die laute Landstraße und nehmen den Feldweg nach rechts. Mit viel freier Sicht laufen Sie nun zwischen Wiesen. Der eindeutige Weg verläuft im Zickzack den Hang hinunter, dann finden Sie sich zwischen alten Fichten wieder. In Serpentinen geht es durch den Forst, dann auf einen krautigen Graspfad, neben dem ein Bach fließt.

Durch niedriges Gebüsch zu beiden Seiten wandern Sie nun auf einem sehr schmalen Fußpfad, der nach links knickt. Sobald Sie die vor Ihnen liegenden Fichten erreichen, wird der Weg wieder deutlicher und breiter und endet an einer Furt über den Bérismenilbach (km 12,1). Nehmen Sie die Furt und folgen Sie nun kurz noch einmal dem Wegzeichen „weiße Welle auf blauem Grund".

☹ Es geht steil bergauf und leider ist der Hang sehr zerfurcht, da auch Mountainbikes den Weg nutzen.

Oben angekommen finden Sie einen Holzbalken, der sich als Sitzplatz eignet. Nun führt Sie der Weg durch lichten Wald und zu einem ⛺ Aussichtspunkt mit Bank (km 13,1). Leicht bergauf auf einem breiteren Forstweg laufen Sie danach zuerst durch hohe Fichten, dann an einer Neupflanzung vorbei. Die Markierung weist nach rechts auf eine schmale Fußspur, die Sie jedoch ignorieren. Für den Rest des Weges wandern Sie nun ohne Markierung. Gehen Sie stattdessen weiter geradeaus. Sie erreichen den Ortsrand von Nadrin.

Hinter dem ersten Haus auf der rechten Seite biegen Sie nach rechts in die Nebenstraße ein. Diese führt Sie durch ein liebliches Tal zum Sportplatz. Hier wenden Sie sich nach links und gleich wieder nach links. Die Rue du Hérou leitet Sie zu Ihrem Ausgangspunk zurück.

21 Resteigne

Tour für Natur- und Kulturinteressierte

Von einem Felsbalkon aus schauen Sie hinunter auf die Landschaft der Calestienne, bevor Sie der Einsiedelei im Wald einen Besuch abstatten. Eine Wanderung, um die Seele baumeln zu lassen.

- Start/Ziel: Parkplatz neben der Lessebrücke nahe dem Château de Resteigne, GPS N 50°05.482‘ E 005°10.620‘
- 9,3 km
- ca. 3 Std.
- 235 m/235 m
- 171-283 m
- grünes Kreuz, ohne Markierung
- auf einfachen Wegen durch Wald, kurz im offenen Gelände, holprige Abschnitte können Sie auch umgehen, zweimal an ruhigen Landstraßen entlang (700 m bei km 5,1 und 800 m bei km 8,5)
- zwei Lokale nahe dem Start/Ziel, Restaurant in Belvaux (km 4,3)
- Bänke in Belvaux vor der Kirche (km 4,1) und bei km 7,3
- Es gibt einiges zu sehen und zu entdecken: einen alten Steinbruch, das Dorf Belvaux und die Hütte eines Eremiten. Unterwegs finden Sie einen schönen Spiel- und Picknickplatz bei einem alten Dorfbackofen – so einer wie bei Hänsel und Gretel!
- Der Weg ist fast durchgehend eben genug für einen Buggy, an zwei Stellen sind Ausweichrouten möglich.
- wenig Trinkmöglichkeiten für Hunde, sonst keine Schwierigkeiten
- P Parkplatz am Start/Ziel
- keine ÖPNV-Anbindung

Sie beginnen die Runde bei den beiden Lokalen, indem Sie nach links über die Brücke abbiegen.

Restaurant Café de la Lesse Chez Dindin, Rue de la Carrière 147, 6927 Resteigne, +32/(0)84/38 83 34, Mai-Aug Do-Di 9:00-21:00, kalte u. warme Getränke, kleine Speisen, Reservierung wird empfohlen, Kinder und Hunde sind willkommen

Restaurant Lesse Capade, Rue de la Carrière 155, 6927 Resteigne, +32/(0)84/34 40 07, www.lessecapade.be, Do-Mo 12:00-14:00 und 18:00-20:00, hochwertige französische Küche, bitte reservieren, Kindergerichte auf Anfrage, Hunde willkommen

Sobald Sie die Lessebrücke überquert haben, stehen Sie vor dem ♜ Château de Resteigne. Gegenüber dem Schlosstor biegen Sie bei einer Sitzbank in die Sackgasse ab. Das grüne Kreuz wird Sie nun leiten. Zunächst laufen Sie für ca. 200 m auf der Zufahrtsstraße des ehemaligen Steinbruchs.

Château de Resteigne

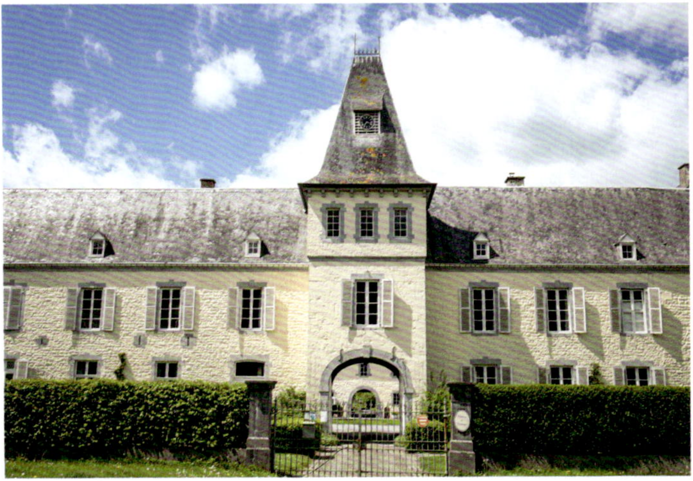

Hier wurde früher Kalkstein gebrochen. Inzwischen ist der ehemalige Steinbruch ein Übungsfeld für Geologiestudenten. Pionierarten, darunter ein seltener Grashüpfer, besiedeln das Gelände.

Die Landschaft Calestienne ist eine geologische Besonderheit in den Ardennen. Während sich das Mittelgebirge Ardennen über den rheinischen Schiefer definiert, zieht sich wie eine Schlange ein ca. 10 km breiter Streifen Kalksteingebirge von Nordosten bei Louvigné über Han-sur-Lesse und weiter nach Westen bis nach Baives in Frankreich. Gebildet hat sich der Korallenkalk im mittleren Devon, als ein Ozean hier die Landmassen bedeckte. Durch tektonischen Druck hob sich das Ardennenplateau. Flüsse und Erosion legten Kalkfelsen frei, Klippen und Steilwände entstanden. Da sich Kalkstein durch Kohlensäure zersetzt, finden Sie überall in der Calestienne Höhlen, die Sie meist besichtigen können. Aber auch über Tage ist die Gegend interessant: Orchideen und seltene Vogelarten fühlen sich hier zu Hause.

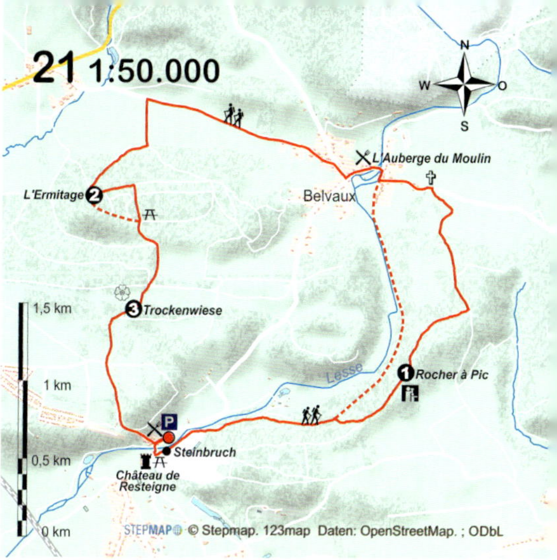

Dann steigt der Uferweg leicht an. Sie wandern auf einem breiten Forstweg, vorbei an niedrigem Wald und blumenreichen Wegrändern, schließlich durch dichteren Uferwald. Vorbei an einer Privateinfahrt verläuft der Weg weitgehend parallel zur Lesse.

Bei km 1,5 zweigt nach rechts steil in die Böschung ein Fußpfad ab. Bitte folgen Sie diesem. Ab jetzt fehlt jede Markierung. Nach 200 m erreichen Sie einen etwa meterbreiten Wanderweg, der oberhalb des Uferweges dem Lauf des Flusses folgt. Gehen Sie hier nach links.

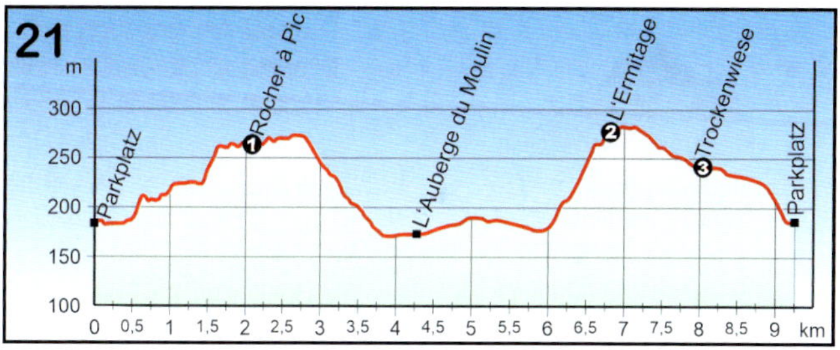

Falls Sie mit Kinderwagen wandern, bleiben Sie auf dem unteren Uferweg. In Belvaux treffen Sie wieder auf die reguläre Strecke.

Auf dem oberen Weg laufen Sie für 500 m durch üppigen Wald, bis Sie bei km 2,1 den Aussichtspunkt Rocher à Pic ❶ (km 2,2) erreichen.

Der Weg wird langsam breiter, knickt leicht nach rechts und entfernt sich von der Talkante. Schließlich mündet er in einen breiten Forstweg, in den Sie nach links einbiegen. Hier wartet eine Infotafel zum Rocher à Pic (Fr/Ne/En/De) auf Sie.

Bergab treten Sie zunächst aus dem Wald, überqueren eine Weide entlang von Hecken und tauchen wieder in den lichter werdenden Wald ein. Zwischen Wiesen mündet der Weg dann in die Landstraße Rue de Bure (km 3,7). Hier erreichen Sie über einen Holzsteg einen ✞ Marienaltar.

Gehen Sie an der Landstraße nach links. Bitte benutzen Sie dabei den linken Fahrbahnrand. Im Bereich um das Ortseingangsschild können Sie zu einer Reihe von Kalkbögen (☞ Tour 16) hinüberschauen.

Die Rue de Bure endet an der Rue du Hambeau. Wenige Schritte nach rechts sehen Sie schon die Brücke über die Lesse.

Wenn Sie den unteren Uferweg benutzt haben, dann treffen Sie hier wieder auf die reguläre Wanderung.

Vor der Brücke nach rechts erreichen Sie die ✞ Kapelle Saint-Laurent mit dem historischen Friedhof. ⌘ Auf dem Platz davor stehen die königliche Linde und ein alter Backofen. Außerdem lädt ein Spielplatz Familien zu einer Rast ein.

Wenn Sie weiter über die Brücke gehen, finden Sie wieder die Markierung „grünes Kreuz" und erreichen rechter Hand das ✕ Restaurant Auberge du Moulin (km 4,3).

✕ L'Auberge du Moulin, Rue des Pairées 7, 5580 Belvaux, ☏ +32/(0)84/36 63 75, www.aubergedumoulin.be, Sa+So 10:00-20:00, traditionelle französische Küche, bitte reservieren

Die Markierung leitet Sie weiter nach rechts in die Rue des Onais.

Bei Haus Rue de Onais 28 können Sie Honig kaufen (bitte klingeln).

Die Straße verläuft nach dem Ortsausgang auf Betonplatten, die am linken Straßenrand durchnummeriert sind. An Platte 152 finden Sie einen Wegweiser „Ruines de l'Ermitage". Gehen Sie hier nach links zum Wandrand und dann – dem Weg folgend – nach rechts.

Eine Weile folgen Sie dem Waldrand, dann tauchen Sie in schönen Laubwald ein und gehen leicht bergauf. Ein achteckiges Schild „l'Ermitage" (km 6,8) lenkt Sie auf einen Pfad nach links bergauf. Nach wenigen Schritten erreichen Sie die Ruine der Einsiedlerklause ❷.

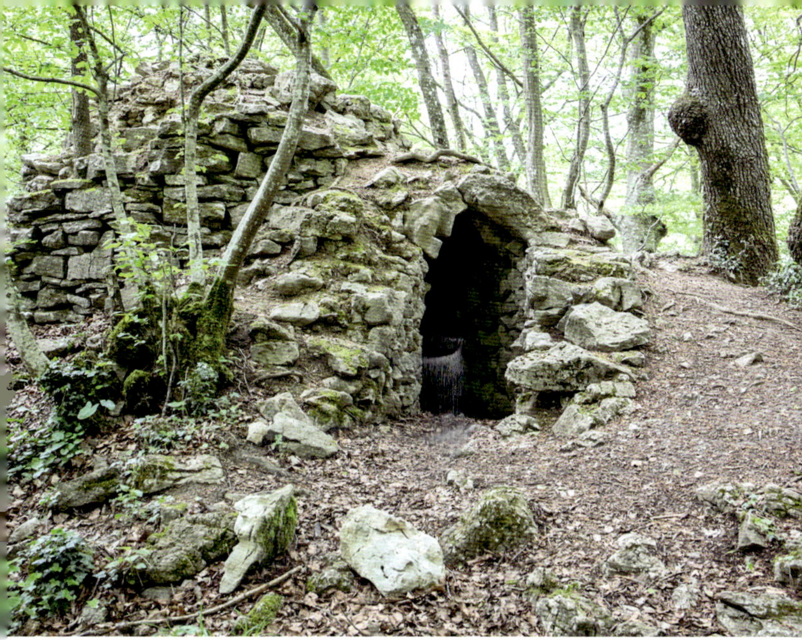

L'Ermitage

Der Einsiedler von Resteigne war der Schlosserbe Edmond d'Hoffschmidt. Als junger Mann verliebte er sich in Christina von Keffenbrinck und verlobte sich. Sein Vater jedoch verbot die Verbindung, woraufhin sich Edmond bis zu dessen Tod in die Klause im Wald zurückzog. Dort baute er sich nicht nur eine Hütte, sondern auch einen Brunnen und ein Backhaus für Brot und legte einen Gemüsegarten an.

Als er das Schlosserbe antreten musste, kehrte er ins Dorf zurück und wurde Gemeinderat und Bürgermeister. Er kehrte jedoch immer wieder in den Wald zurück und blieb dem Dorf in Erinnerung, weil er eine kindliche Freude an Schabernack und Streichen hatte, die jeden treffen konnten.

Ab hier gibt es keine durchgehenden Markierungen mehr.

Mit dem Kinderwagen ist dieser Streckenabschnitt nicht möglich. Gehen Sie stattdessen weiter auf dem breiten Waldweg geradeaus. Am ersten Abzweig rechts sind Sie wieder auf dem Wanderweg.

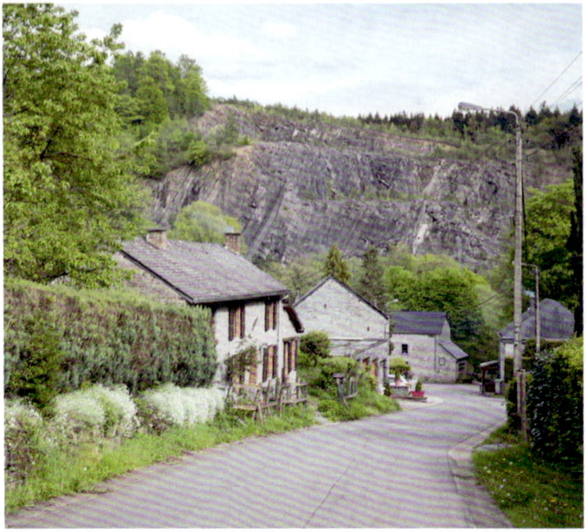

Resteigne

Folgen Sie ohne Buggy weiter dem Pfad, dann lichtet sich der Wald und Sie können ein archäologisches Feld besuchen und den Spuren des Einsiedlers nachspüren. Mit der Hangkante zur Linken gehen Sie geradeaus. Der Wald um Sie herum ist Heimat vieler seltener Pflanzen.

Biegen Sie bei erster Gelegenheit nach rechts Richtung Resteigne ab (km 7,1). Der unebene Pfad führt 200 m bergab durch wunderschönen Wald. Dann mündet an einer Bank (km 7,3) von rechts ein breiter Weg ein und vor Ihnen taucht links eine umzäunte Wiese auf.

Mit dem Kinderwagen treffen Sie hier Ihre Mitwanderer wieder.

Ihr Weg verläuft nun geradeaus, mit der Wiese auf der linken Seite. Durch ein schmales Waldstück erreichen Sie einen Forstweg, den Sie queren. Dann geht es geradeaus auf einem Feldweg zwischen Weizenfeldern und Wiesen weiter.

Achten Sie auf eine ein wenig dürr wirkende Wiese ❸ auf der linken Seite (km 8). Dort wachsen einzelne Eichen und Wacholdersträucher. Es handelt sich um eine Trockenwiese, wie sie nur auf Kalksteinuntergrund gedeiht. Sie ist zwar unscheinbar, aber dennoch ein wertvolles Biotop. Um eine Trockenwiese zu erhalten, muss man sie im Winter abflämmen. So können im Frühjahr zarte Kräuter keimen.

Bei km 8,5 erreichen Sie die Landstraße Route de Valenne, behalten Ihre Wanderrichtung bei und gehen nun bergab. Noch eine Linkskurve und Sie gelangen zum Ziel dieser Wanderung.

22 Redu – Bücher, Himbeeren und Sterne

Tour für naturverbundene Bücherfans und Astronomiebegeisterte

Willkommen im Bücherdorf Redu! Stöbern Sie in Antiquariaten und erkunden Sie danach die idyllische Natur an der Lesse. Nach den Sternen greifen und Leckereien probieren können Sie unterwegs auch.

Start/Ziel: Parkplatz vor der Kirche in Redu, GPS N 50°00.447‘ E 005°09.589‘

7,8 km

ca. 2 Std. 30 Min.

189 m/189 m

264-379 m

blaues Rechteck, ohne Markierung

etwa zur Hälfte ruhige Landstraßen, zur anderen befestigte Waldwege, im Tal schattig, auf den Anhöhen mit viel Fernblick in der Sonne

viele Lokale in Redu

in Redu, Picknickplatz in Lesse (km 3,4)

WC am Start/Ziel

Bäckerei in der Nähe des Starts/Ziels

Eigentlich sind es mehrere Ausflüge in einem: Sie wandern durch den Wald und am Fluss entlang, nach dem Picknick dürfen Nachwuchsastronauten vom Weltraum träumen, dann – in den Sommermonaten – sollten Sie einen Abstecher in die Himbeeren machen, bevor Sie mit Ihren Kindern die Buchläden durchstöbern und den Tag auf dem Spielplatz ausklingen lassen. Da ist für jeden Geschmack etwas dabei.

wenig Schwierigkeiten mit Kinderwagen, holpriger Waldweg ab km 1,8 für 400 m

unproblematische Tour

Parkplätze am Start/Ziel

nur Schulbusse

Falls Sie sich für die Wanderung mit Croissants versorgen möchten, befindet sich eine Bäckerei ca. 200 m vom Startpunkt entfernt in der Rue de Saint-Hubert.

Boulangerie Le Millefeuille, Rue de Saint-Hubert 13, 6890 Redu, ☏ +32(0)49/330 93 06, www.boulangerie-redu.be, info@boulangerie-redu.be, Mitte Jan bis Aug und Mitte Sep bis Dez Fr-So 7:00-13:00, handgemachtes Brot, feine Patisserie

WC Am Startpunkt vor der Kirche finden Sie eine Tafel mit Wanderinfos, eine öffentliche Toilette und zahlreiche Einkehrmöglichkeiten.

Gehen Sie die Rue de Transinne bergab und folgen Sie der Markierung „blaues Rechteck". Vorbei an der Touristeninformation, dem Museum Mudia und einer ganzen Reihe kleiner Buchläden und Lokale durchqueren Sie das Dorf.

Touristenbüro Libin, Place de l'Esro 60, 6890 Redu, +32/(0)61/65 66 99, www.libin.be/loffice-du-tourisme, in den belgischen Ferien tägl. 10:00-17:00, März-Nov Sa+So 10:00-17:00, Dez-Feb Sa+So 10:00-14:00, Fei 10:00-17:00

Mudia, Place de l'Esro 61, 6890 Redu, +32/(0)61/51 11 96, www.mudia.be, in den belgischen Ferien tägl., sonst Mi-So, jeweils 10:00-18:00, Kinder 3-5 J. € 4, Jugendliche 6-18 J. € 6, Erw. € 12, Kunstmuseum für Familien, Cafeteria mit kleinen Gerichten, Getränken und Eis

Buchladen De Eglantier & Crazy Castle, Rue de Transienne 34, 6890 Redu, +32/(0)61/65 66 15, www.redu-villagedulivre.be/fr/commerces/librairies, tägl. 11:00-18:00, niederländisches, deutsches und englisches Antiquariat, bitte klingeln

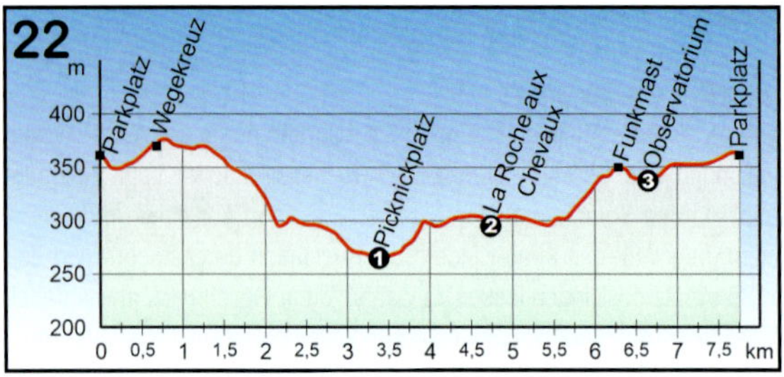

Als 1961 ein Buchhändler in Hay in Wales die Idee für ein Bücherdorf entwickelte, war das eine kleine Revolution. Nicht nur die Beatles und die Rolling Stones besuchten das Dorf und machten es populär, auch verbreitete sich die Idee weiter durch Europa. So auch 1984 bis nach Redu. An einem sonnigen Osterwochenende fand im Dorf zum ersten Mal eine Bücherveranstaltung statt. Buchhändler eröffneten daraufhin bis zu 25 Läden und brachten Schwung in die stille Schönheit von Redu. Durch das Internet gingen die Besucher- und Käuferzahlen in den vergangenen Jahren zurück. Elf Buchhandlungen bestehen dennoch weiterhin und werden mit viel Idealismus betrieben.

Redu ist aber nicht nur ein Bücherdorf, sondern hat noch weit mehr zu bieten: vier Museen (Kunst, Buchdruck, Papierherstellung und Wolle), die Framboiseraie, wo Sie Himbeeren in jeder Form bekommen, einige nette Läden und schöne Restaurants.

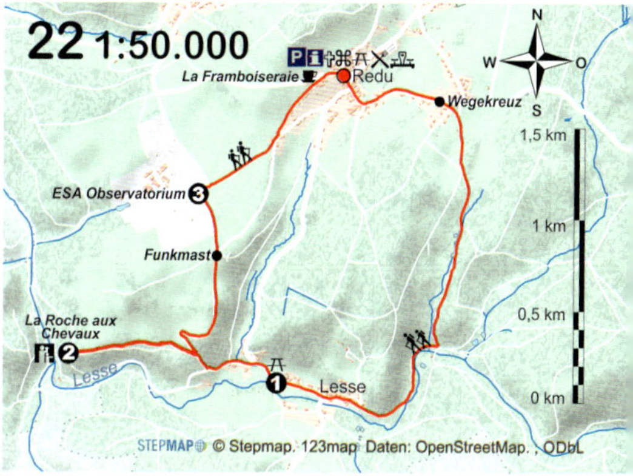

Nach 700 m verlassen Sie die Hauptstraße an einem Wegekreuz und wechseln auf eine ruhigere Nebenstraße. Weitere 100 m danach gehen Sie auf einen Feldweg, dann ein paar Schritte durch einen Wald. Der Weg führt zwischen Wiesen auf eine nahe Fichtenpflanzung zu.

Bei km 1,1 öffnen Sie ein Gittertor zur Weihnachtsbaumplantage dahinter. Beim Waldrand steigen Sie mit zwei Schritten über eine Furt. Bald wird das Gefälle stärker und der Weg führt an Fischteichen vorbei.

Nach starken Regenfällen kann der Weg für etwa 400 m etwas ausgewaschen sein (km 1,8).

Schließlich erreichen Sie das Ufer der Lesse (km 2,2) und gehen nach rechts. Zusammen mit dem Vogelgezwitscher, das Sie umgibt, sorgen die Pflanzenvielfalt und die Wildheit des jungen Flusses für ein wunderbares Naturerlebnis. Bei Regen können Sie eine kleinere Höhle im Schieferfelsen neben dem Weg (km 2,5) als Unterstand benutzen. Bald taucht ein Funkmast auf, dann die ersten Häuser des Dörfchens Lesse. Entlang der Dorfstraße passieren Sie die Kreuzung mit der Straße nach Maissin (km 3,1). Weiter geradeaus finden Sie einen schönen Picknickplatz mit viel Platz zum Spielen ❶ (km 3,4).

Am Fahrbahnrand entlang entfernen Sie sich vom Flussufer. Am ersten Abzweig führt Sie die Markierung links auf eine wenig befahrene Straße. Es geht ein wenig bergauf und Sie sehen bei km 3,8 eine Tafel mit einem Rätsel.

Für welche Zahl steht das rote Dreieck? (Lösung Seite 160)

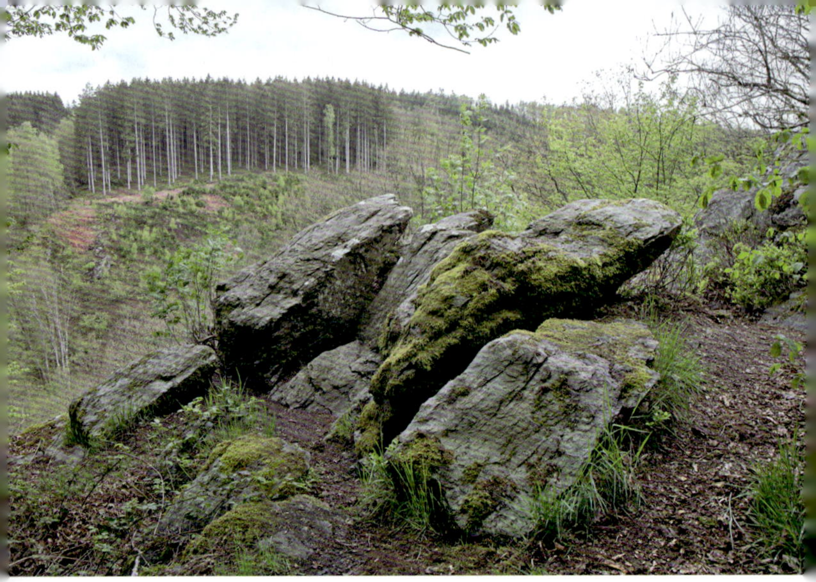

La Roche aux Chevaux

Nach 100 m zweigt links ein grasiger Waldweg ab. Folgen Sie der Hinweistafel „La Roche aux Chevaux" – jetzt ohne Markierung – bis zum Aussichtspunkt La Roche aux Chevaux ❷ (km 4,7), von dem aus Sie auf das Tal der Lesse blicken können.

Gehen Sie dann den Weg, den Sie gerade gekommen sind, wieder bis zur Straße zurück und anschließend dem Wegzeichen „blaues Rechteck" nach bergauf. Den höchsten Punkt haben Sie am Pumpwerk und am Funkmast erreicht. Geradeaus können Sie das Gelände der ESA-Forschungsanlage bewundern. Der Eingang befindet sich bei km 6,6 ❸. Diese Anlage können Sie nicht besichtigen.

☺ Am Zaun des ESA-Geländes befinden sich eine Reihe spannender Schilder, die einen Überblick über die hiesige Forschung geben (En/Fr). Bei km 6,7 wartet ein Außerirdischer auf Sie.

5 km von Redu entfernt, in Transinne, betreibt die europäische Weltraumorganisation ESA ein Space Center. Die Parabolantennen, die Sie hier sehen, werden von dort gesteuert. Man benutzt sie hauptsächlich, um damit Satelliten zu betreiben. Das Center in Transinne können Sie übrigens besichtigen (Informationen unter www.eurospacecenter.be).

Was Sie vielleicht erst auf den zweiten Blick bemerken, sind die Kunstwerke des französischen Street-Art-Künstlers Invader. Seit Juni 2015 finden Sie hier sechs Mosaike aus Kachelfliesen, die dem Arcade-Game „Space Invaders" nachempfunden sind. (Zur Familie der Arcade-Spiele zählen Klassiker wie Pong, Pac-Man, Donkey Kong und Tetris.) Auf der Website des Künstlers, 💻 www.space-invaders.com, können Sie sein ganzes Werk bewundern.

Das ESA Space Center

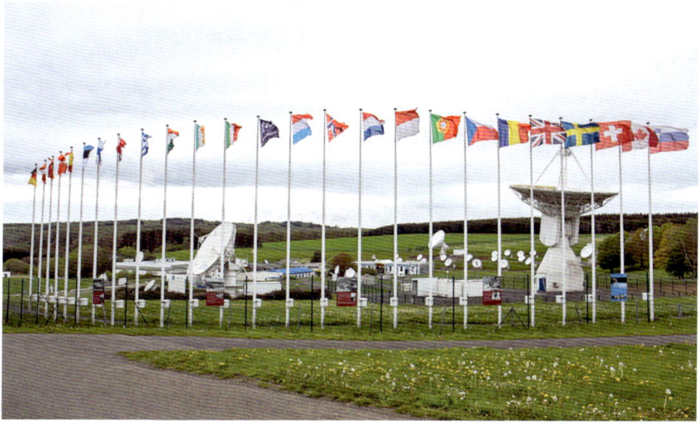

Sie laufen nun weiter am Fahrbahnrand nach Redu hinein. An der ersten Gabelung halten Sie sich links und folgen der Voie d'Hurleau am Friedhof vorbei. Die Straße mündet bei km 7,6 in die Rue Daverdisse. Hier steht ein Wegweiser zu anderen Bücherdörfern in der Welt.

↳ 100 m nach links finden Sie La Framboiseraie.

Rue de Daverdisse 66, 6890 Redu, ☏ +32/(0)4 96/40 57 86, Di-So 10:00-18:00, Himbeeren in jeder Form, Café und Selbsternte, ernten ist von Juni bis zum ersten Frost möglich. Wanderer können hier ihre Wasserflaschen auffüllen lassen, Kinder sind herzlich willkommen, Hunde bekommen Wasser.

Nach rechts erreichen Sie nach 200 m einen Kinderspielplatz mit Bänken und gegenüber die Kirche.

23 Corbion

Tour für Wanderbegeisterte, die tolle Ausblicke lieben

Von Corbion aus wandern Sie zu den atemberaubendsten Aussichtspunkten. Kein Wunder, denn das Dorf liegt hoch oben über der Semois und in direkter Nachbarschaft zum pittoresken Städtchen Bouillon. Eine Wanderung genau da, wo die Ardennen am schönsten sind!

Start/Ziel: an der Kirche von Corbion, GPS N 49°47.856‘ E 005°00.394‘

14,5 km

ca. 4 Std. 30 Min.

526 m/526 m

217-395 m

rotes Rechteck (Nr. 15), weiß-rot (GR 14), rotes Rechteck (Nr. 8)

alles vom schmalen Saumpfad bis zur Dorfstraße, auf den Hügeln und am Fluss eher sonnig, in den Wäldern erfrischend

Auberge Le Relais am Start/Ziel (nach Vereinbarung), zahlreiche Lokale in Bouillon (ca. 500 m ab km 7,1)

ca. alle 2 km, Schutzhütte bei km 7,6

Supermarkt und Metzgerei in Corbion, zahlreiche Geschäfte in Bouillon (ca. 500 m ab km 7,1)

Für jüngere Kinder ist diese Tour zu lang und zu anstrengend. Sie werden bei einzelnen Passagen Hilfe benötigen. Ältere Kinder können sich auf schwindelerregende Aussichtspunkte freuen. Das Arboretum (km 8) könnte für naturliebende Kinder spannend sein. In jedem Fall gibt es viel Wald und viel Wasser.

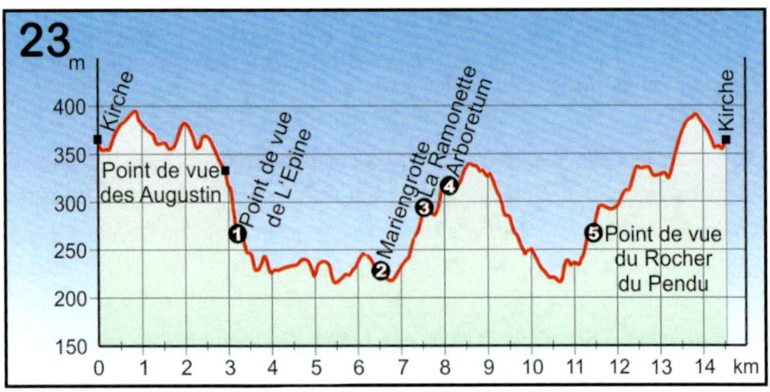

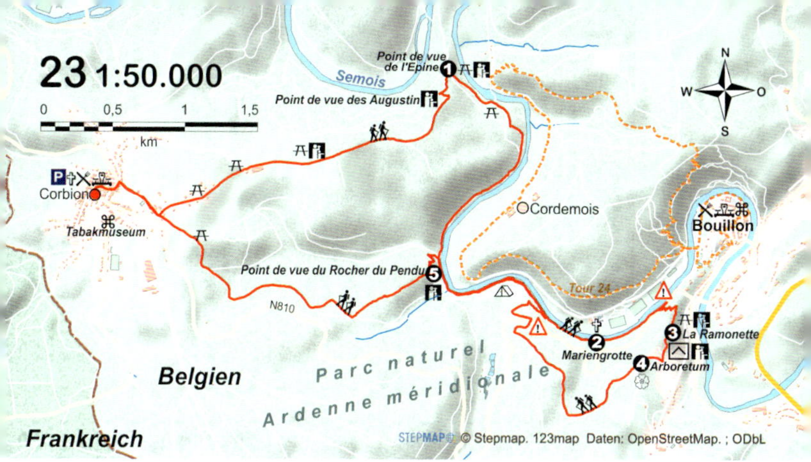

Die ersten 3 km sind auch mit Kinderwagen möglich, danach ist die Runde nicht mehr zu empfehlen.

Falls Ihr Hund geländeerprobt und an lange Touren gewöhnt ist, können Sie die Wanderung versuchen. Am Ufer der Semois gibt es für 400 m ein unangenehmes Pflaster (ab km 6,6).

Bei km 7 und km 9,5 überqueren Sie die N810.

P Parkmöglichkeit am Start/Ziel

nur Schulbusse

Wenn Sie gerne längere Strecken laufen, können Sie die Wanderung mit Tour 24 verbinden. Die Gesamtlänge beträgt dann 31,6 km.

Auberge Le Relais, Rue des Abattis 5, 6838 Corbion, ☏ +32/(0)61/46 66 13, www.hotellerelais.be, nach Vereinbarung, unbedingt reservieren, Lunchpakete auf Vorbestellung, Kaffee bekommen Sie jedoch jederzeit

Supermarkt, Rue des Abattis 4, 6838 Corbion, ☏ +32/(0)61/46 66 40, Di-Fr 9:00-12:30 und 14:00-18:30, Sa 8:30-12:30 und 14:00-18:30, So 8:30-12:00, Mo 14:00-18:30

An der ✝ Kirche von Corbion beginnt der Weg, der mit dem roten Rechteck (Nr. 15) markiert ist. Gehen Sie im Uhrzeigersinn um die Kirche herum. Die Straße führt leicht bergab, dann in eine Linkskurve.

Metzgerei Le Fumet des Ardennes, Rue Paul Verlaine 24, 6838 Corbion, ☏ +32/(0)61/46 66 14, www.fumetdesardennes.be, Mo-Sa 8:00-18:30, So 8:00-12:00, Ardenner Wurst- und Schinkenspezialitäten, belegte Brote, feine Fertiggerichte

Nun führt Sie die Markierung zwischen Häusern auf die Ruelle Lolette. Pferdekoppeln und Weiden lösen bald die Hausgärten ab. Sie erreichen die ruhige Rue du Boulet (km 0,5) und biegen dort links ab. Sie passieren zwei Bänke unter Birken (km 1) und ein Wegekreuz nahe dem Rastplatz. Bei einem weiteren Rastplatz (km 1,3) steht eine blau gewandete Marienfigur.

Die folgende Wegmarkierung ist leicht zu übersehen. Gehen Sie weiter geradeaus über den Bauernhof. Nach 100 m finden Sie das nächste Wegzeichen.

Schon am Holzschild „Sentier des points de vues" haben Sie einen wunderbaren Blick über die Hügel des Semoistals. Dann kommen Sie an zwei Aussichtsbänken vorbei (km 1,8). Der Forstweg verläuft nun durch Wald. Dieser wird dichter und Sie erreichen bei km 3 den Aussichtspunkt „Point de vue des Augustin".

Bis hierher ist es möglich, mit einem Kinderwagen zu wandern. Der folgende Weg ist jedoch nicht mehr zu empfehlen. Sie sollten hier umkehren.

Point de vue de l'Epine

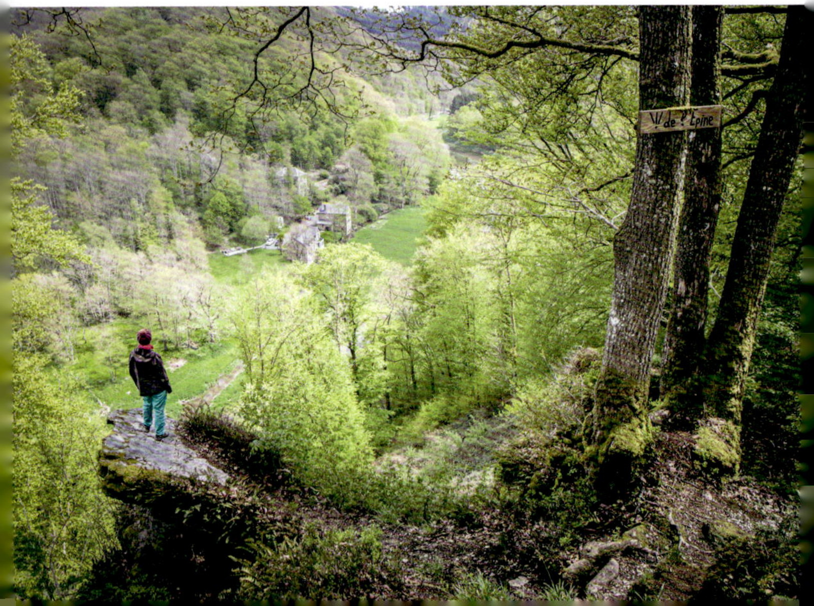

Entlang eines steilen Bergpfads laufen Sie hinab und treffen auf einen breiten Weg (km 3,2). Überqueren Sie den Forstweg und folgen Sie dem Hinweisschild zum Point de vue de l'Epine ❶. Von der Bank aus haben Sie eine gute Aussicht auf die Wassermühle Moulin de l'Epine.

Falls Sie dem schmalen Pfad hinter dem Aussichtspunkt weiter folgen, erwartet Sie nach etwa 200 m der Aussichtspunkt Pic du Diable.

Kehren Sie auf den breiten Forstweg zurück und folgen Sie dem Fußpfad hinab zur Semois. Nach feuchtem Wetter ist der Weg rutschig, zur Seite besteht zudem Absturzgefahr.

Begleitet vom Rauschen des Flusses erreichen Sie durch urigen Uferwald zwei Bänke (km 3,6). Hier ist das Ufer seicht und Ihr Hund kann sich erfrischen.

Während Sie immer an der Semois entlangwandern, sehen Sie auf der anderen Flussseite die Trappistinnenabtei Clairefontaine-Cordemois (☞ Tour 24). Bei km 5,1 erreichen Sie eine Betonbrücke über einen Zufluss zur Semois. Die bisherige Markierung weist nun nach rechts. Bleiben Sie jedoch weiter auf dem Uferweg und folgen Sie nun dem weiß-roten Zeichen (GR 14). Bitte wandern Sie am Ufer immer mit allen Sinnen, um auch schwierige Abschnitte gut zu meistern.

Bald sehen Sie den Campingplatz Halliru vor sich. Auch hier wandern Sie weiter am Ufer entlang. Am Ende des Campinggeländes wird der Uferbereich felsiger und Sie umwandern einen ins Wasser ragenden Felsen auf einem Betonweg. Dieser endet bei einer morschen Bank (km 6,2), von rechts mündet ein Weg ein. Gehen Sie weiter am Ufer entlang und richten Sie sich nun nach der Markierung „rotes Rechteck (Nr. 8)". Sie passieren die Mariengrotte Grotte notre Dame de Lourdes ❷ (km 6,6).

Ab nun ist der Uferweg für 400 m gepflastert. Die Fugen sind stark ausgewaschen und für Hundepfoten unangenehm.

Dann mündet der Uferweg in die Fahrbahn (km 7,1).

Wenn Sie hier weiter geradeaus gehen, können Sie einen Abstecher nach Bouillon ⌘ machen. Ein Restaurant finden Sie sofort hinter dem Tunnel, zahlreiche weitere, wenn Sie von dort am Semoisufer weiter nach links gehen.

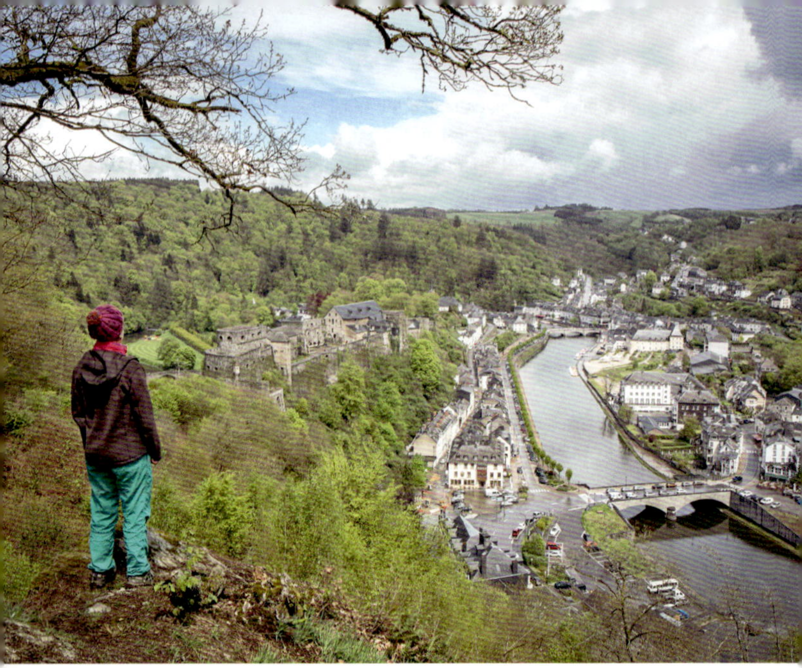

Aussichtspunkt „La Ramonette"

↳ Falls Sie die Tour verlängern möchten, erreichen Sie geradeaus die Bouillon-Runde (☞ Tour 24). Folgen Sie dafür einfach dem Straßenverlauf durch den Tunnel und bleiben Sie dann links am Semoisufer.

Auf der Corbion-Runde wenden Sie sich nun scharf nach rechts. Dann sehen Sie die nächste Markierung. Sie müssen nun die Fahrbahn der N810 überqueren. ✋ Diese ist viel befahren und unübersichtlich.

Auf der anderen Straßenseite führt Sie die Markierung auf schmalem Pfad zügig den Hang hinauf. Sie passieren drei schöne Aussichtsbänke (km 7,3, km 7,4 und km 7,5) und den Aussichtspunkt „La Ramonette" ❸ (km 7,6). Von hier aus sehen Sie die Burg und die Altstadt von Bouillon.

Es geht durch lockere Bewaldung ein wenig bergab, dann endet der Pfad bei Hauseinfahrt Nr. 5. Weiter geradeaus gelangen Sie zur Rue de la Ramonette, die Sie hier hinaufgehen. Bald erreichen Sie das Arboretum ❹ (km 8), das Sie durchqueren.

Ein Arboretum ist ein Baumgarten, in dem verschiedene Baumarten vorgestellt werden.

Über einen Forstweg laufen Sie am Monument des Fusillés vorbei (km 9,5) und ✋ überqueren wenig später ein weiteres Mal die Landstraße N810. Abwärts über den Campingplatz Halliru gehen Sie hinunter zur östlichen Begrenzungsmauer des Platzes. Der steile Pfad endet bei der morschen Bank, die Sie schon von km 6,2 kennen.

Wenden Sie sich am Ufer nach links und laufen Sie für 1,1 km auf dem bekannten Weg zurück. Dabei gibt Ihnen die weiß-rote Markierung (GR14) Orientierung.

Bei km 11,1 stehen Sie wieder vor der Betonbrücke über den Zufluss. Biegen Sie nun vor der Brücke nach links ab. Ihr Wegzeichen ist nun das rote Rechteck (Nr. 15). Über Serpentinen gelangen Sie zum Aussichtspunkt Point de vue du Rocher du Pendu ❺ (km 11,5).

✋ Hier fehlt eine Markierung. Wenn Sie die Serpentinen zum Aussichtspunkt hinaufgewandert sind, wenden Sie sich scharf nach rechts, laufen auf eine Gabelung zu und dort Richtung Corbion.

Durch schönen Wald erreichen Sie eine deutliche Steigung. Bei einer Bank (km 13,6) treten Sie aus dem Wald und haben nun wieder Corbion vor sich. An Ferienhäusern und Bauernhöfen vorbei gelangen Sie auf dem bekannten Weg wieder zur Kirche.

Wenn Sie von hier aus bergauf und dann rechts in die Rue du Tambour gehen, finden Sie einen der letzten Zigarrenmacher an der Semois und das Tabakmuseum (ca. 500 m).

⌘ Tabakmuseum, Rue du Tambour 10, 6838 Corbion, ☏ +32/(0)61/46 81 29, www.tabac-semois.com, auf Anfrage, Erw. € 4, Kinder 7-11 J. € 2

24 Bouillon

Tour für geschichtsinteressierte Wanderer und Familien

Wenn Sie die Semois besuchen, kommen Sie auch nach Bouillon. Die Burg und die Altstadt, die von der Flussschleife umschlossen werden, die tiefen Wälder und die steilen Klippen über dem Fluss machen diese Wanderung zu etwas ganz Besonderem.

Start/Ziel: am Boulevard Vauban zwischen Rue de l'Hospice und der Bastion du Dauphin, Bouillon, GPS N 49°47.789' E 005°04.209'

8,8 km

ca. 3 Std. 30 Min.

373 m/373 m

217-369 m

rotes Rechteck (Nr. 7), durch die Stadt ohne Markierung

in der Stadt und nahe dem Kloster asphaltierte Straße, sonst schöne Waldwege

ausreichend Lokale in Bouillon

überall in der Stadt und am Kloster (km 3,2), Picknickhütte (km 3,9), Aussichtsbänke bei km 6,8 und km 7,2

Geschäfte in Bouillon, Klosterladen (km 3,2)

Ein Spielplatz, ein toller Picknickplatz und ein Aussichtsturm, dazu eine schöne Bergtour und zum Abschluss eine echte Ritterburg – auf dieser Tour gibt es einiges zu erleben.

Mit dem Kinderwagen erreichen Sie das Kloster, den Picknickplatz und die Wassermühle und müssen dann umkehren. In der Stadt können Sie nach einem kleinen Schlenker fast die ganze Strecke mitwandern.

Für Hunde birgt die Tour keine Probleme, lediglich der Aussichtsturm ist ungeeignet. Nehmen Sie ausreichend Trinkwasser mit.

P Parkplatz am Start/Ziel, außer bei Markt (01.04.-31.10. So 5:00-14:00), ausreichend Parkplätze im Stadtgebiet

nur Schulbusse

Wenn Sie die Strecke verlängern möchten, können Sie diese Wanderung mit Tour 23 verbinden.

Wenn Sie vom Startpunkt aus in Richtung Pont de Liège, dann über die Brücke und ca. 150 m am Ufer entlanggehen, erreichen Sie das Touristenbüro (400 m).

Quai des Saulx 12, 6830 Bouillon, ☏ +32/(0)61/46 52 11, www.bouillon-tourisme.be, ganzjährig 9:00-17:00, 25.12. und 01.01. geschlossen

Sie starten am Boulevard Vauban mit dem Fluss zur Rechten. Schon nach wenigen Metern laufen Sie unter der ⌘ Bastion du Dauphin hindurch. Innerhalb der Stadt finden Sie immer eine Bank.

☺ Da Bouillon viel Sehenswertes zu bieten hat, führt ein Rundweg durch die Stadt. Sie finden an jeder Station eine Infotafel (Fr/Ne/De/En). Mehr erfahren Sie, wenn Sie die QR-Codes auf den Tafeln benutzen.

Weiter geradeaus unter der ⌘ Bastion de Bretagne hindurch kommen Sie zu einem Mahnmal für die Gefallenen der Kriege.

Bastion de Bretagne

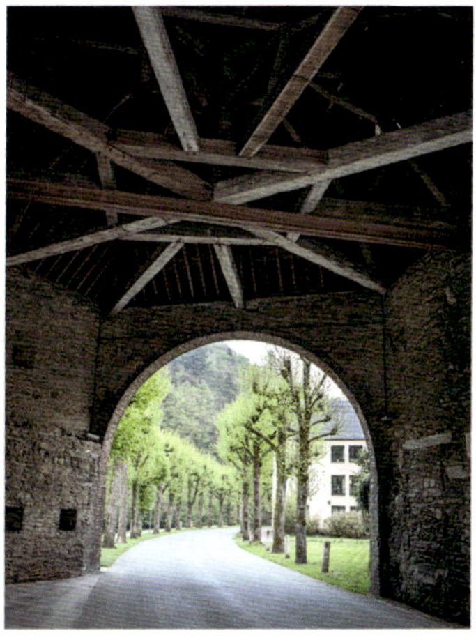

Die Semois passiert eine Staustufe und der Uferbereich weitet sich zum Park mit Lindenallee. Sie erreichen die Brücke Pont de Cordemoy (km 0,7), die Sie überqueren. Nun finden Sie die Wegmarkierung „rotes Rechteck (Nr. 7)".

Gleich nach der Brücke geht es rechts über Treppenstufen in den Wald und dann direkt nach links. Ab jetzt führt Sie die Markierung zuverlässig.

Mit dem Kinderwagen sind die Stufen und der folgende Weg nicht zu empfehlen. Bleiben Sie weiter auf der geteerten Straße. Sie kommen ohne Hindernisse bis zum Kloster, zum Picknickplatz und zur Mühle. Da die Straße eine Sackgasse ist, herrscht meist wenig Verkehr.

Auf der regulären Strecke wandern Sie nun durch schönen Ufer- und Schluchtwald. Kleinere Bäche queren Sie mit einem langen Schritt. Steigungen und deutliches Gefälle wechseln sich ab. Schließlich wird der Weg zum Pfad, führt über Wurzeln bergab und stößt auf die Uferstraße (km 2,6).

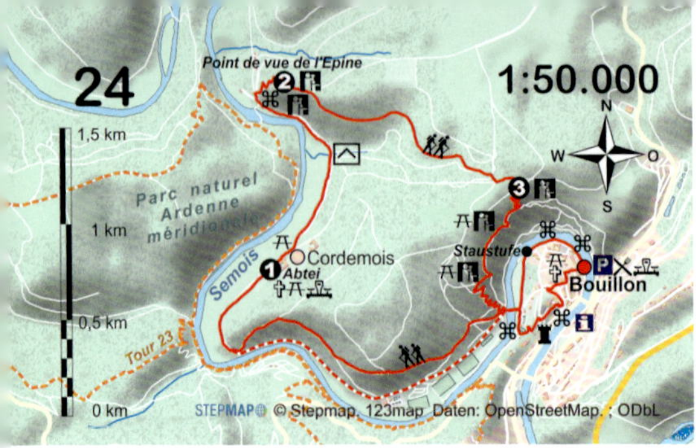

Ab hier können Sie wieder gemeinsam mit Kinderwagenwanderern unterwegs sein.

Nach rechts gehen Sie am Fahrbahnrand entlang bis zum Beginn der Klostermauer und weiter, während Sie auf der anderen Flussseite den Rocher du Pendu sehen können. Sie erreichen die ✞ Trappistinnenabtei Clairefontaine-Cordemois ❶ (km 3,2).

✞ Im Jahr 1845 gründete sich westlich von Paris ein Trappistinnenorden. Die Trappisten werden auch Zisterzienser der strengen Observanz genannt. Das bedeutet, dass die Klosterleute möglichst abgeschlossen von der Außenwelt leben. Beten, lesen und arbeiten wechseln sich ab, der Wahlspruch für diese Gemeinschaft lautet: „Demut, Wahrheit, Einfachheit". Jene Nonnen weihten sich 1933 dem Ziel, das belgische Kloster Clairefontaine bei Arlon wieder aufleben zu lassen, das während der Französischen Revolution zerstört worden war. Am selben Ort konnten oder wollten die Ordensfrauen es nicht mehr errichten. Stattdessen baute der Architekt Henri Vaes – der Erbauer des Klosters von Orval – eine neugotische Abtei hier in Cordemois. 1935 wurde das Kloster feierlich eingeweiht und erhielt den Namen „Notre-Dame de Clairefontaine". Wie in allen Trappistenklöstern wurden hier Nahrungsmittel hergestellt, jedoch kein Bier. Der Großteil der Einnahmen wurde für wohltätige Zwecke verwendet. 2017 gab eine päpstliche Kommission bekannt, dass das Kloster wegen ernsthafter innerer Spannungen aufgelöst wird, da ein Zusammenleben nach den Klosterregeln nicht mehr möglich sei.

Ein Klosterladen wird weiterbetrieben und bietet selbst gemachte Lebensmittel, Kosmetik und Hausrat sowie kirchliche Devotionalien an. Di-So 14:00-17:00

Am Ende des Klostergeländes steht eine Bank mit schönem Blick auf die Semois. Sie gehen auf der geteerten Straße weiter und erreichen bei km 3,9 eine Picknickhütte mit öffentlichem Grill und einem seichten Zugang zu einem Bach. Kinder werden hier viel Spaß beim Planschen haben, für Hunde bietet sich erstmals die Gelegenheit zu trinken.

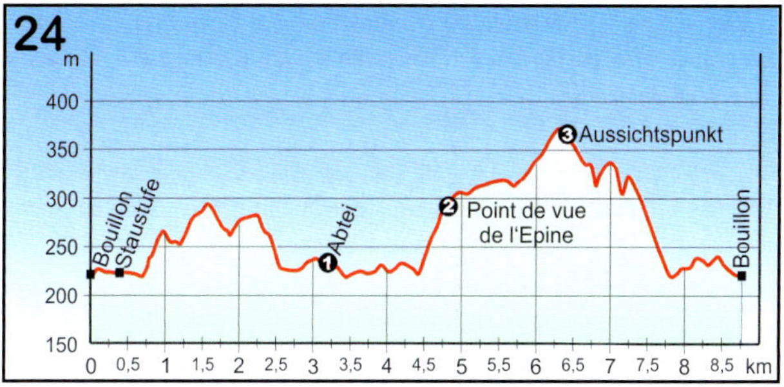

Entlang der Markierung erreichen Sie die ⌘ Moulin de l'Epine (km 4,4). Diese ist in Privatbesitz und kann leider nicht besichtigt werden.

Mit dem Kinderwagen geht es hier nicht mehr weiter. Kehren Sie um und wandern Sie auf gleichem Weg wieder zurück. Vor der Brücke nach Bouillon finden Sie rechts einen schönen Kinderspielplatz, der Ihnen und Ihren Kindern die Zeit vertreibt, während Sie auf Ihre Mitwanderer warten.

Als Wanderer ohne Buggy gehen Sie weiter die Straße entlang. Am Ende der Asphaltierung weist das Wegzeichen rechts steil einen Fußpfad hinauf.

Hier benötigen Sie Trittsicherheit und jüngere Kinder ein wenig Hilfe.

Belohnt werden Sie für den Aufstieg über den steilen Steig mit einem fantastischen Ausblick vom Point de vue de l'Epine ❷ (km 4,8). Gegenüber sehen Sie den Aussichtspunkt Augustin, den Pic du Diable und weiter rechts den Tombeau du Géant, eine Halbinsel, die von der Semois umflossen wird.

Der Legende nach liegt im Tombeau du Géant ein keltischer Riese begraben, der sich weigerte, ein Gefangener der Römer zu sein, und lieber von einem Felsen sprang, als in der Arena des Kolosseums zu sterben. Gefunden haben Archäologen jedoch ein Megalithgrab aus der frühen Bronzezeit.

Nun können Sie weiter über den ausgeschilderten Weg wandern oder sich rechts halten. Über Steinstufen erreichen Sie dann einen weiteren Aussichtsplatz, von dem aus Sie das Kloster gut sehen. Beide Wege treffen nach ein paar Metern wieder aufeinander.

Der schmale, schwierige Weg mündet bald in einen breiten Waldweg. Umgeben von dichter Vegetation erreichen Sie bei km 6,2 eine Wegkreuzung, von der drei Wege abzweigen.

Wegen einer Rodung fehlt hier die Markierung. Wählen Sie den breiten Weg nach rechts mit Blick auf den Aussichtsturm. Nach einigen Schritten findet sich die nächste Markierung an einem Baum.

Sie folgen einem holprigen, von Ginster eingerahmten Hohlweg, bis Sie rechts den Trampelpfad zum Turm ❸ (km 6,4) erreichen. Genießen Sie den Ausblick, der Aufstieg ist kostenlos.

Nun weist die Markierung einen schmalen Saumpfad hinunter. Auf dem Weg zurück nach Bouillon kommen Sie an zwei Aussichtspunkten mit Bank vorbei (km 6,8 und km 7,2). Dann endet der Pfad wieder an der Brücke, auch die Wegmarkierung endet hier. Gegenüber finden Sie einen Kinderspielplatz. Überqueren Sie die Brücke und gehen Sie dann nach rechts.

Blick auf Bouillon

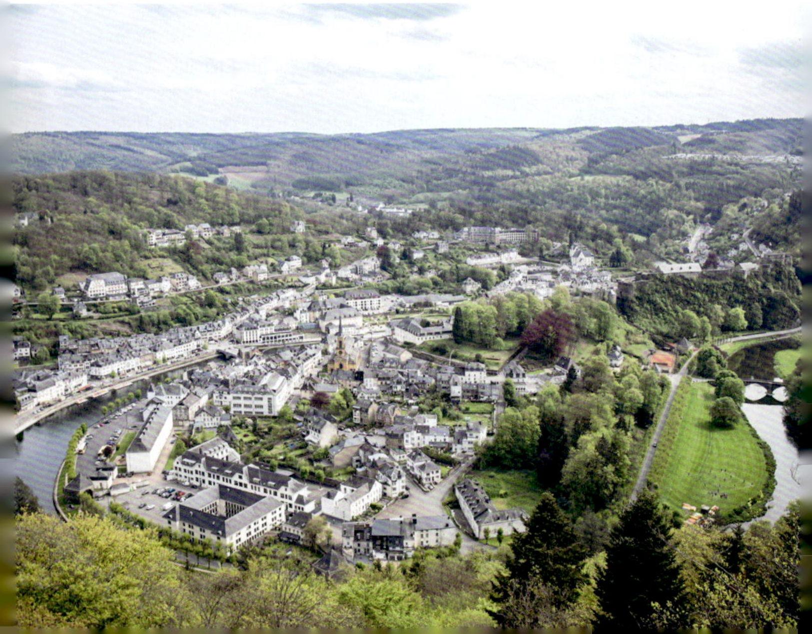

Als Buggyfahrer gehen Sie links die Rue la Poulie hinauf. Die erste Straße rechts führt Sie zur Burg. Alternativ überqueren Sie direkt weiter geradeaus die Kreuzung und halten links auf die Spielstraße mit dem Schild „Quartier de Bretagne" zu.

Zu Fuß passieren Sie die ⌘ Bastion de Bourgogne (km 7,9). Hinter dem Sportplatz zweigt durch den Park ein Weg zum Fuß der Burg ab. Einige Treppenstufen und Torbögen führen Sie am Burggraben entlang. Vorbei am ⌘ Standbild von Godefroid de Bouillon erreichen Sie die Straße und den Eingang zur Burg.

Mit Burg Bouillon haben Sie eine der schönsten mittelalterlichen Burgen Belgiens vor sich. Aus einer hölzernen Burg auf der Ramonette (☞ Tour 23) wurde bald die eindrucksvolle Befestigungsanlage, die Sie hier sehen. Denn strategisch lag der Ort ideal: genau auf der Grenze zwischen Niederlothringen und Oberlothringen, auf der Route zwischen Aachen und Reimes und dazu von der Semois umschlossen und damit uneinnehmbar. Uneinnehmbar? Dafür wurde die Burg über die Jahrhunderte reichlich oft belagert und wechselte häufig den Besitzer. Heute ist sie ein Museum und den Besuch allemal wert.

♦ Burg Bouillon, Esplanade Godefroy 1, 6830 Bouillon, ☏ +32/(0)61/46 42 02, www.bouilloninitiative.be, Jan Sa+So 10:00-17:00, Feb+Dez Mo-Fr 13:00-17:00, Sa+So 10:00-17:00, März+Nov Mo-So 10:00-17:00, April-Juni+Sep Mo-Fr 10:00-18:00, Sa+So 10:00-18:30, Juli+Aug Mo-So 10:00-18:30, Okt Mo-Fr 10:00-17:00, Sa+So 10:00-18:00, letzter Einlass 45 Min. vor Schluss, Erw. € 11, Kinder € 8,50, Besichtigung mit Falkenschau, nach Anmeldung: Führung, Schatzsuche, Taschenlampenführung

Weiter geradeaus haben Sie einen schönen Blick hinunter auf die Stadt und den Fluss. Gehen Sie nach links am Aussichtsbalkon entlang. Die Straße mit dem Sperrschild führt Sie am ⌘ alten Fürstenpalast und über Treppen am Maison Spontin vorbei. Noch ein paar Stufen und Sie durchschreiten das Tor zur Rue du Petit. Hier wenden Sie sich nach links und gehen am Fahrbahnrand erst an der Kirche, dann am Kino vorbei.

Auf der rechten Fahrbahnseite sehen Sie ein Spielstraßenschild. Hier treffen Sie auch Wanderer mit Kinderwagen wieder und biegen gemeinsam scharf rechts in das „Quartier de Bretagne" ein. Durch eine Unterführung gelangen Sie zur Rue du Brutz und wenden sich nach rechts zur ✞ Kirche. Nehmen Sie die nächste Straße nach links, die Rue Georges Lorand und biegen dann nach rechts in die Rue de l'Hospice, die Sie zurück zum Startpunkt bringt. Hier endet die Wanderung.

25 Rochehaut – der Leiterweg

Tour für Abenteurer

Sie möchten sich die schroffen Hänge und den Schluchtwald über der Semoise nicht nur ansehen, sondern wirklich erleben? Dann ist diese Tour für Sie genau das Richtige. Über Leitern und steile Pfade führt Sie der Weg. Sie können direkt am Fluss eine Rast einlegen und nach dem sportlichen Aufstieg wartet Rochehaut schon mit lukullischen Genüssen auf Sie.

- Start/Ziel: vor der Kirche in Rochehaut, GPS N 49°50.411‘ E 005°00.344‘
- 5,2 km
- ca. 2 Std. 30 Min.
- 252 m/252 m
- 212-375 m
- rotes Rechteck (Nr. 43)
- kurze asphaltierte Strecken über Nebenstraßen und auf breiten Waldwegen, der Rest des Weges auf anspruchsvollen Bergpfaden mit insgesamt vier Leitern
- zahlreiche Restaurants, Imbisse und Cafés in Rochehaut
- mehrere Bänke in Rochehaut, Schutzhütten bei km 1,5 und km 2,1
- verschiedene Geschäfte am Start/Ziel
- Kinder – gerade ältere – werden auf diesem Weg viel Spaß haben. Ein echtes Erlebnis!
- Der Leiterweg ist mit Kinderwagen nicht möglich.
- Für Hunde ist der Weg nur bis zur Schutzhütte (km 1,5) geeignet, die Leitern sind für vier Pfoten unpassierbar.
- Parkmöglichkeiten rund um die Kirche von Rochehaut
- nur Schulbusse
- Bei Hochwasser ist die Tour nicht machbar. Bitte erkundigen Sie sich vorab beim Touristenbüro Bouillon nach der aktuellen Situation (Tour 24).
- Wenn Sie die Strecke verlängern möchten, können Sie diese Wanderung mit Tour 26 verbinden.

Von der sehenswerten Kirche von Rochehaut gehen Sie auf der Rue des Moissons an verschiedenen Geschäften und Lokalen vorbei bis zur Rue de Nazareth. Bitte achten Sie beim Überqueren der Straße auf schnelle Fahrzeuge.

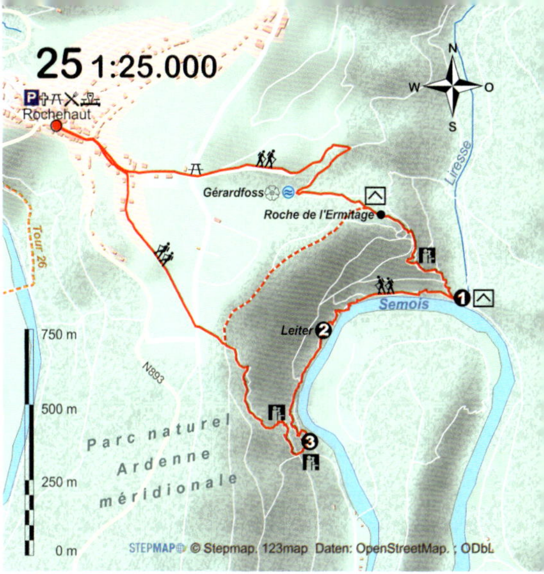

Gegenüber sehen Sie ein Schild Richtung „L'Orchidée" und die Wandermarkierung „rotes Rechteck (Nr. 43)". Am Wegekreuz und am Friedhof vorbei geht es zunächst geradeaus aus dem Ort heraus. Die Straße ist ruhig, jedoch auch eine Mountainbikestrecke. Achten Sie gut auf Ihren Hund.

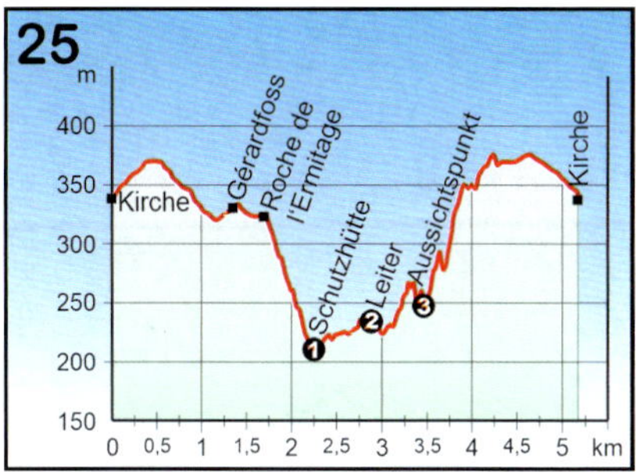

Die zuverlässige Markierung führt Sie an der nächsten Gabelung nach links. Nach der Bank (km 0,4) können Sie auf den Weiden außergewöhnliche Nutztiere bewundern. Sie gehören zum Tierpark von Rochehaut. Immer steiler führt der Weg bergab. Nach einer scharfen Rechtskurve wechseln Sie von Asphalt auf einen schönen Waldweg.

Für etwa 600 m bleibt Sie etwa auf gleicher Höhe. Wiesenränder mit Tausenden Blüten leiten Sie zu einer Furt (km 1,2).

Schauen Sie den schmalen Bach hinauf. Zwischen Brombeeren, Binsen und Hasel befindet sich ein kleiner Wasserfall, der Gérardfoss.

Bei km 1,4 ist die Markierung zwar vorhanden, jedoch nicht leicht zu entdecken.

Vom breiten Weg wechseln Sie nach rechts bergauf auf einen Waldpfad. Nach der nächsten Weggabelung nach links erblicken Sie vor sich schon eine Schutzhütte (km 1,5).

Der weitere Weg ist mit Hund nicht zu empfehlen. Steile, absturzgefährdete Abschnitte wechseln sich mit Leiterpassagen ab. Sie können an der Gabelung nach rechts abbiegen und treffen nach knapp 900 m wieder auf den Wanderweg.

Als Wanderer ohne Hund laufen Sie geradeaus weiter. Schmal und holprig geht es zu einer Felsklippe, die für 30 m Ihre volle Aufmerksamkeit erfordert.

Jüngere Kinder brauchen hier Hilfe.

Sie erreichen den großen Schieferfelsen Roche de l'Ermitage.

Schieferfelsen Roche de l'Ermitage

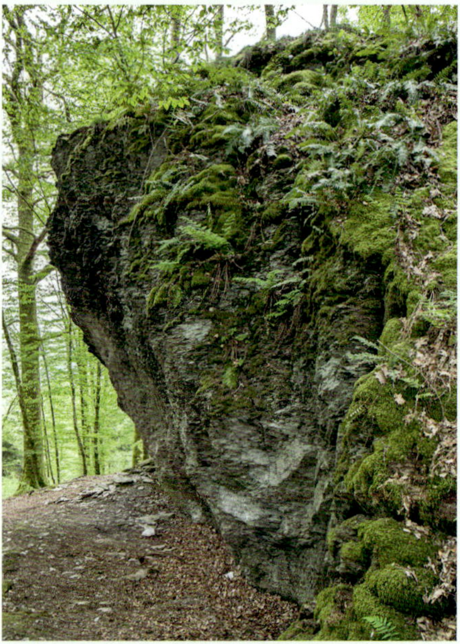

Der Roche de l'Ermitage war im September 1944 Zufluchtsort der Bewohner von Rochehaut. In der Nacht vom 4. auf den 5. September waren die Flammen der Häuser von Alle weithin sichtbar, in Brand gesteckt von deutschen Truppen. Die Bewohner von Rochehaut befürchteten das gleiche Schicksal für ihr Dorf und zogen sich hierher zurück. Rochehaut blieb jedoch verschont und die Dörfler unentdeckt.

Der Weg ist gut markiert und führt Sie nun auf einen Grat, der seitlich steil abfällt. Immer wieder leuchtet die Semois durch den lichten Wald.

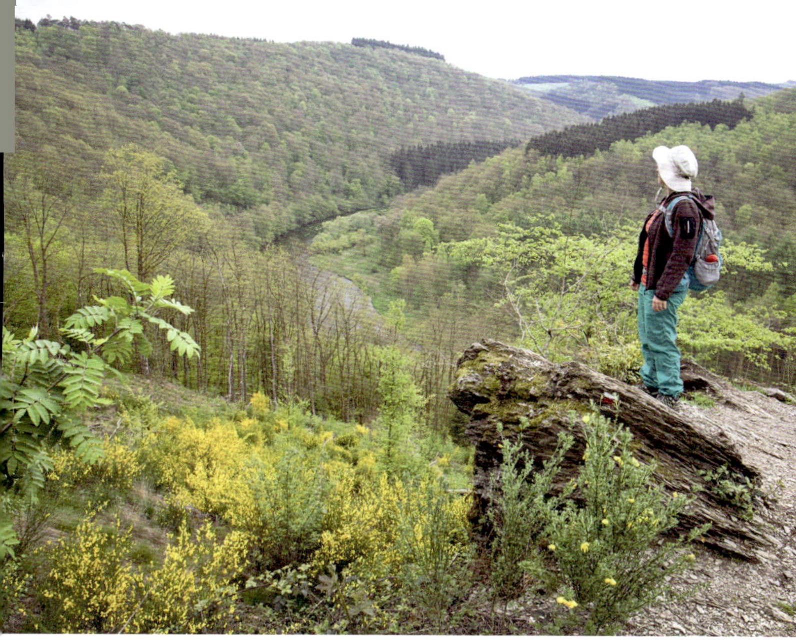

Blick auf die Semois

Ein Warnschild (Fr/Ne) zeigt Ihnen den Beginn des versicherten Wanderweges an (km 1,7). Falls Sie nicht schwindelfrei sind oder sich den steilen Weg nicht zutrauen, kehren Sie hier lieber um!

Mit einem steilen Abstieg geht es los. Sie kreuzen einen breiten Forstweg. Links finden Sie die nächste Markierung. Durch wunderschönen Wald laufen Sie eine Gratkante bergab, immer wieder mit tollem Ausblick auf die Semois.

Der dichte Wald endet, es geht in Serpentinen weiter steil bergab. Dann stehen Sie am Ufer der Semois (km 2,1). Nach links über den Betonsteg gelangen Sie zu einer gemütlichen Schutzhütte ❶ – der ideale Picknickplatz!

Zurück über den Steg laufen Sie nun ein Stück am Ufer entlang. Im Fluss können Sie im Sommer Wasserhahnenfuß sehen. Einige leichte Kletterpassagen, ab km 2,6 mit Geländer, sind ein Vorgeschmack auf die erste Leiter ❷ (km 2,8). Dann passieren Sie auf einem Hohlweg steil bergan einen Felsen (km 3,3).

Auf der Rückseite führt nach links ein Pfad zu einem Aussichtspunkt mit Blick auf die Semois ❸.

Keine 200 m darauf meistern Sie die nächste Leiter und erreichen einen weiteren Aussichtspunkt am Fuß der folgenden Leiter. Mit leichter Kletterei (km 3,6) endet der versicherte Weg und Sie passieren ein weiteres Warnschild, das jedoch dem Gegenverkehr gilt.

Auf der Leiter

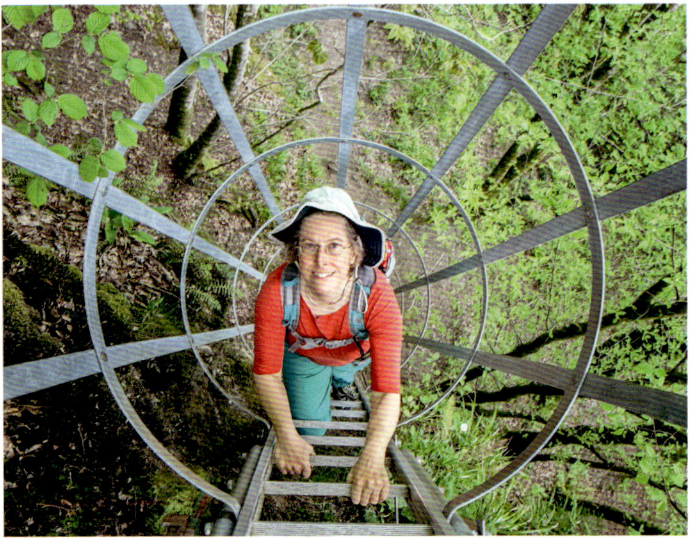

Als Wanderer mit Hund treffen Sie hier wieder auf den Wanderweg und wenden sich nach rechts.

Über einen breiten Forstweg und dann durch die ersten Straßen des Ortes erreichen Sie Rochehaut wieder und beenden die Tour vor der Kirche.

☺ In Rochehaut bekommen Sie die lokale Spezialität Tarte au sucre, bestehend aus Mehl, Eiern, Butter, braunem Zucker und Sahne. Nach einer schönen Wanderung ein Gedicht!

26 Frahan

Tour für Naturliebhaber und Familien mit älteren Kindern

Frahan ist eines der bekanntesten Dörfer der Ardennen – nicht dem Namen nach, jedoch für sein Panorama. Die Semoisschleife, die das Dorf umgibt, ist eines der meistfotografierten Motive, vor allem, wenn im Frühjahr oder Herbst der Flussnebel durch das Tal wabert. Erkunden Sie diesen wundervollen Ort und steigen Sie durch steile Uferfelsen.

Start/Ziel: vor der Kirche von Frahan am Briefkasten, GPS N 49°50.062' E 005°00.052'

13,4 km

ca. 4 Std. 30 Min.

502 m/502 m

188-357 m

weiß-rot (GR 16), liegendes rotes Rechteck (Nr. 28), liegendes rotes Rechteck (Nr. 1)

Abenteuerliche Wildpfade und ebene, zum Teil geteerte Wege halten sich die Waage. Für 1,6 km verläuft der Weg entlang einer viel befahrenen Straße. Ein 1,5 km langer Leiterweg über die Crêtes de Frahan wiegt das jedoch vollkommen auf.

Restaurant Beau Sejour (km 0,1), La Passerelle (km 0,2), zahlreiche Lokale in Rochehaut (ca. 500 m ab km 1,1), Restaurant Le Ban de Laviot (km 3,5), zahlreiche Lokale in Alle (km 6,6)

einige Bänke auf dem ersten Kilometer, Uferbank (km 4,9), Picknickplatz in Alle (km 7), Bank (km 9,9), Schutzhütten (km 2 und km 9,5)

verschiedene Lebensmittel- und Souvenirgeschäfte in Rochehaut (ca. 500 m ab km 1,1)

Für jüngere Kinder ist die Tour zu lang. Auch erwarten Sie unterwegs einige schwierige Wegstücke, wo Kinder Hilfe benötigen. Insgesamt gibt es jedoch viel zu sehen und zu erleben. Besonders der Leiterweg wird ein großes Erlebnis!

Mit Kinderwagen können Sie nur die ersten 1,7 km bewältigen. Die Variante mit einer Länge von 6,5 km hat jedoch ebenfalls viele Höhepunkte zu bieten: spektakuläre Aussichten, vielleicht einen Besuch in Rochehaut, das liebliche Semoistal, nette Lokale und viel Natur.

Für Hunde ist die Tour machbar, wenn auch lang. Weitgehend müssen Sie selbst für Trinkwasser sorgen. Der Leiterweg auf den letzten 1,5 km ist für Hunde ungeeignet. Hier können Sie eine Ausweichstrecke wählen.

P Es gibt keinen offiziellen Wanderparkplatz, jedoch genug Parkmöglichkeiten im Ort.

keine ÖPNV-Anbindung

Wenn Sie die Strecke verlängern möchten, können Sie diese Wanderung mit der Tour 25 verbinden.

Vom Startpunkt gehen Sie in die Rue de la Passerelle. Die weiß-rote Markierung (GR 16) gibt Ihnen Orientierung. Bergab kommen Sie nach 50 m links an einem ⌘ alten Waschhaus vorbei. Nach weiteren 50 m zweigt nach links die Rue du Tabac ab.

Dort finden Sie in ca. 100 m Entfernung das Restaurant Beau Sejour.

Hôtel-Restaurant Beau Séjour, Rue du Tabac 7, 6830 Frahan sur Semois, ☏ +32/(0)61/46 65 21, www.hotel-beausejour.be, Küche Do-Di 12:00-13:30 und 19:00-20:30, Mi 19:00-20:30, Mitte Juni bis erste Juliwoche geschlossen, hochwertige regionale Küche, bitte unbedingt reservieren, sehr kinderfreundlich, Hunde nicht zugelassen

Die Straße macht eine Rechtskurve und Sie passieren das Ausflugslokal und den Streichelzoo La Passerelle.

La Passerelle, Rue de la Passerelle 26, 6830 Frahan sur Semois, ☏ +32/(0)61/46 76 46, Fr-So und Fei sowie tägl. während der belgischen Ferien 10:30-19:00, Jan-Feb geschlossen, Kinderbauernhof € 8 pro Familie, Hunde im Lokal willkommen

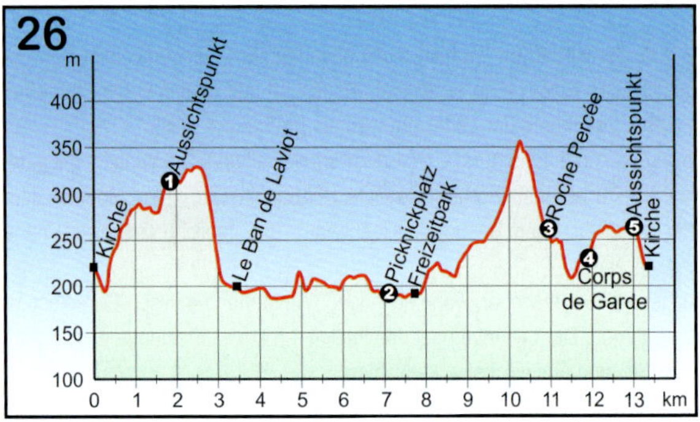

La Passerelle – die Brücke – ist mindestens schon die zweite Brücke, die hier stand. Der Platz ist ideal, denn so war eine schnelle Verbindung von Frahan nach Rochehaut möglich. Welch eine Barriere ein Fluss ist, merken Sie als Wanderer an der Semois besonders deutlich.

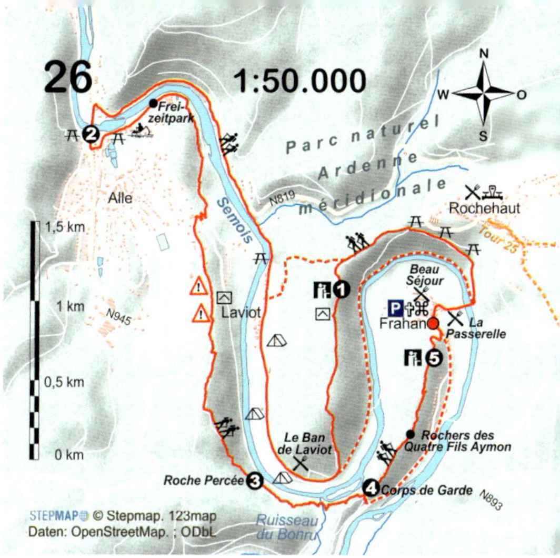

Sie laufen über die Fußgängerbrücke und weiter auf dem gut markierten Weg und gewinnen schnell an Höhe. Die Mühe wird bei km 0,7 und km 0,9 mit zwei schönen Aussichtsbänken belohnt. Die Steigung endet bei km 1,1 in einer Serpentine nach rechts. Hier finden Sie in der Kurve unter Felsen wiederum zwei Bänke.

Wenn Sie weiter dem GR folgen, erreichen Sie nach etwa 500 m das Zentrum von Rochehaut.

Wenn Sie die Wanderung mit Tour 25 verbinden möchten, finden Sie dort den Startpunkt der Tour.

Vorbei an den Bänken nehmen Sie den Forstweg nach links mit der Markierung „liegendes rotes Rechteck (Nr. 28)", den „Promenade de Laviot". Rechts schauen Sie in das Bochettal. Wechseln Sie nach 600 m auf den schmalen Fußweg zur Linken. Ein Holzschild „La Roche aux Corbeaux" an einer Tanne führt zum Aussichtsplatz ❶, den Sie bei km 1,8 erreicht haben.

Mit Kinderwagen sind der schmale, steile Fußweg und der weitere Weg nicht zu empfehlen. Halten Sie sich daher am Abzweig (km 1,7) rechts und am nächsten Abzweig wieder rechts. So erreichen Sie den Ort Laviot am Ufer der Semois. Vorbei am Campingplatz le Ban Laviot laufen Sie nach links über den Uferweg bis zurück zur Brücke von Frahan, von wo aus Sie auf demselben Weg zum Startpunkt zurückfinden, auf dem Sie gekommen sind.

Als Wanderer ohne Buggy folgen Sie weiter dem Waldweg, der nun über den Rücken des Berges zur Semois hinunterführt. Sie passieren eine ⌂ Schutzhütte (km 2). Die Gabelung nach weiteren 300 m leitet Sie nach links auf einen sehr steil abfallenden Weg. ✋ An der Gabelung fehlt das Zeichen. Nach wenigen Metern finden Sie jedoch wieder zuverlässig die Nr. 28. Sie kreuzen zwei breite Forstwege (km 2,9 und km 3,1) und erreichen den ebenfalls breiten Uferweg, wo Sie nach rechts geführt werden, vorbei an einer Reihe von Campingplätzen.

Brasserie Le Ban de Laviot, Rue Laviot 54, 6830 Rochehaut, ☏ +32/(0)47/971 13 01, www.bandelaviot.be, Mitte März bis Mitte Juli und Mitte Aug bis Sep Fr-So, Mitte Juli bis Mitte Aug tägl., jeweils 12:00-14:30 und 18:00-21:00, Spezialität Forelle, Kindergerichte, familienfreundlich

Der ebene Uferweg geht in geteerte Straße über. Folgen Sie ab jetzt der Wegmarke „liegendes rotes Rechteck (Nr. 1)". Ohne großartigen Autoverkehr durchqueren Sie Laviot, können bei km 4,9 eine Rast an einer Uferbank einlegen und erreichen bei km 5,4 die Landstraße N819. ✋ ☹ Die Landstraße ist geschäftig. Benutzen Sie bitte den linken Fahrbahnrand und seien Sie auf schnelle Fahrzeuge gefasst.

Blick auf Frahan

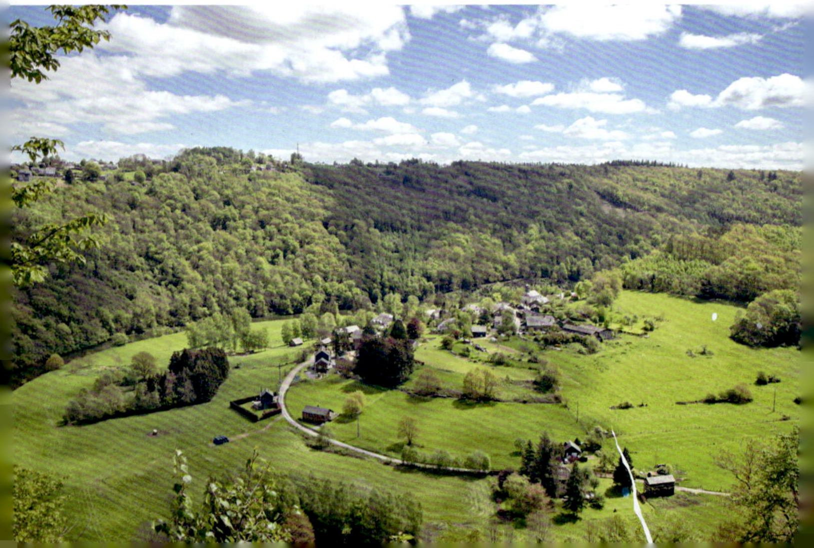

Sobald Sie das Schild „Provinz Namur" hinter sich gelassen haben, nehmen Sie links den Schotterweg durch die Ferienhaussiedlung. Hier gehen Sie bis Haus Nr. 108 ohne Markierung und dann wieder rechts zur Landstraße zurück. Weitere 900 m laufen Sie am Straßenrand entlang bis zur Brücke über die Semois. Kurz vorher beginnt Alle, das zahlreiche Einkehrmöglichkeiten für Sie bereithält. Jenseits der Brücke finden Sie auf der rechten Seite einen großen Picknickplatz mit ausreichend Tischen und Bänken ❷.

Nach der Brücke nehmen Sie die erste Straße nach links. Ab hier leitet Sie für den Rest der Wanderung wiederum die weiß-rote Markierung (GR 16). Solange Sie durch Alle laufen, finden Sie ausreichend Bänke. Am Flussufer passieren Sie einige Kajakverleihe und einen Freizeitpark.

Am Ende des Freizeitparkgeländes (km 8) weist die Markierung nun einen schmalen Wurzelpfad hinauf. Durch Uferwald entlang des Flusses folgen Sie der Wegspur. Dann laufen Sie neben einer hohen Fichtenpflanzung bis zum Rand eines Waldackers. Danach geht es kurzzeitig steil in Serpentinen bergauf und Sie erreichen die Rue de Laplet.

An einzelnen Häusern vorbeigehend gewinnen Sie weiter an Höhe. Schließlich endet Ihr Weg an der Außenseite einer Serpentine der verkehrsreichen N945. Bitte überqueren Sie die Straße vorsichtig. Autos und Motorräder fahren an dieser unübersichtlichen Stelle meist schnell!

Der Fußpfad zur Schutzhütte mündet nach 200 m wiederum an der Landstraße, die Sie hier noch einmal queren. Zur Belohnung für diese ungemütliche Passage empfängt Sie nun für knapp 2 km ein idyllischer Bergpfad.

An manchen Stellen ist der Weg schwierig oder führt an Absturzgelände entlang. Bitte nehmen Sie jüngere Kinder dort an die Hand.

Bei km 11 wandern Sie an Felstürmen vorbei, deren eindrucksvollster der Fels Roche Percée ❸ ist.

Schauen Sie hinauf, dann fällt Ihnen sicher auf, wie zerklüftet er ist. Weiter oben – von Ihrem Standpunkt aus leider nicht zu sehen – befindet sich im Felsen das Trou du Diable, das Teufelsloch. Es ist ein röhrenförmiges Felsloch, das durch die Verschiebung zweier Schieferplatten entstand. Einer Volkssage zufolge kam es zum Streit zwischen Hexen und Feen, von denen es in wallonischen Flusstälern nur so wimmelte. Das Trou du Diable wurde dabei zum Zufluchtsort mal für die einen, mal für die anderen – wie das Freimal beim Fangenspielen.

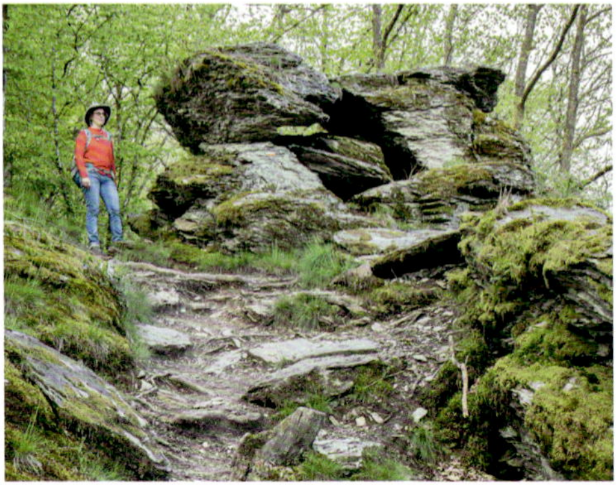

Am Corps de Garde

Sobald Sie den Ruisseau du Bonru überquert haben und für wenige Meter dem breiten Feldweg gefolgt sind, beginnt das fulminante Intermezzo über die Crêtes de Frahan, Felsen, die die Flussschlaufe von Frahan gebildet haben.

Auf einem zeitweise sehr steilen Pfad mit der Semois zur Linken laufen Sie zunächst bis zu einer deutlichen Wegkreuzung (km 11,9). Hier beginnt der Leiterweg über Château Montragut und Corps de Garde ❹ (km 12), vorbei an den Rochers des Quatre Fils Aymon (km 12,4), Round Roche und Plate Roche.

Über den Felsenweg passieren Sie eine ganze Reihe interessanter Orte. Unter anderem fanden Archäologen hier die Überreste der Burg von Montragut. Davon erahnen Sie jedoch mehr, als Sie wirklich sehen werden. Ein natürliches Felsenloch, das Trou Perpète, galt bei den Einheimischen als Wohnstätte der Nutons. Das sind kleine, elfenähnliche Wesen, die einem gegen Brot und eine Münze Wünsche erfüllen. Haben Sie schon einmal von den Haimonskindern und ihrem Wunderross Bayard gehört? Auch diese finden Sie in Form von fünf Felstürmen, den Rochers des Quatre Fils Aymon. Der fünfte Felsturm stellt das Pferd dar.

Der Leiterweg ist für Hunde ungeeignet. Wählen Sie daher mit Hund den schmalen Weg rechts neben dem Einstig zum Leiterweg. In Serpentinen gelangen Sie zur Uferstraße nach Frahan. Wenn Sie hier nach links gehen, erreichen Sie den Ausgangspunkt.

Auf dem Felsenweg haben Sie nun schon einige Leitern und kleine Klettereien gemeistert und dürfen sich bei km 13 auf den Aussichtspunkt Roche de Frahan ❺ freuen. Dieser bietet einen spektakulären Blick auf Frahan, die Brücke und Rochehaut. Nach kurzem Abstieg finden Sie sich dann am Ausgangspunkt der Wanderung wieder.

27 Hotton

Tour für Familien mit mittleren und älteren Kindern und vielseitig interessierte Wanderer

Hotton ist ein typisches Ardennenstädtchen mit Kirche, grauen Steinhäusern, Cafés und Friterie. Und es ist zugleich außergewöhnlich, denn es hat unheimlich viel zu bieten: eine der größten Karsthöhlen Belgiens, die außergewöhnliche Pflanzenwelt der Calestienne, einen Fluss, der meistens unterirdisch fließt, Fische zum Anschauen und Anfassen, lebendige Geschichte, Kletterfelsen und und und. Lassen Sie sich überraschen!

Start/Ziel: vor dem Touristenbüro und Aquarium Rivero in Hotton, GPS N 50°16.096‘ E 005°26.862‘

7,2 km

ca. 2 Std. 30 Min.

181 m/181 m

175-268 m

weiß-blau-weiß (Nr. 9), weiß-rot (GR 57), ohne Markierung

Ebene, teilweise asphaltierte Wege wechseln sich mit holprigen Waldpfaden ab, halb beschattet, halb sonnig – etwas für jeden Geschmack!

viele Restaurants, Cafés und Imbisse in Hotton

viele Bänke und Picknickplätze in Hotton, unterwegs zwei schöne Rastplätze neben dem Aussichtsturm (km 0,8) und am Ufer der Ourthe (km 6,2), weitere Bänke im Text erwähnt

Geschäfte aller Art innerhalb von Hotton

Für Kinder hat diese Tour viel zu bieten: gleich am Start das Aquarium Rivero, einen Waldlehrpfad, einen Aussichtsturm, eine der größten belgischen Höhlen, viele kleine und große Entdeckungen und als krönenden Abschluss einen riesigen Abenteuerspielplatz.

Im ersten Teil der Wanderung geht es 200 m einen steilen Wurzelpfad hinauf, ab Hampteau ist die Wanderung nichts mehr für Kinderwagen. Der Rückweg von Hampteau nach Hotton folgt der belebten Landstraße. Damit ist die Wanderung mit Kinderwagen nur eingeschränkt empfehlenswert.

Für Hunde insgesamt kein Problem, aber der Aussichtsturm und die Höhle sind nichts für Hunde. Denken Sie an genügend Trinkwasser

In ganz Hotton gibt es ausreichend Parkplätze. Am Startpunkt findet zweimal monatlich samstags ein Markt statt. Dann müssen Sie zum Parken ausweichen.

nur Schulbusse

Touristenbüro und Aquarium Rivero, Rue Haute 4, 6990 Hotton, ☏ +32/(0)84/41 35 71, www.rivero.be, Sommer Mo-So 10:00-18:00, sonst Di-So 10:00-17:00, Erw. € 8, Kinder 3-12 J. € 6. Gezeigt wird das Leben in der Ourthe. Ein Kinderquiz (Fr) ist an der Kasse erhältlich. Zum Touristenbüro gehört ein Minigolfplatz, Infos auf Anfrage.

Vom Startpunkt gehen Sie über die Ourthebrücke mit schönem Blick über Hotton, die Kirche und die hübschen Steinhäuser. Dabei leitet Sie die Markierung „weiß-blau-weiß (Nr. 9)". Auf der anderen Flussseite weist die Markierung nach links. Sie gehen in Ufernähe bis zur Fußgängerbrücke.

Über den Zebrastreifen erreichen Sie einen Graspfad, der zwischen den Hausreihen bis zum nahen Waldrand führt. Mit einem Kinderwagen wird der kommende Anstieg ausgesprochen sportlich. Eine deutliche Steigung auf einem schmaler werdenden Waldweg fordert Kondition und Geländetauglichkeit.

Am Ende der Steigung finden Sie kleine Tafeln im Wald, auf denen die Blätter und botanischen Namen von Bäumen abgebildet sind.

☺ Nehmen Sie ein Bestimmungsbuch für Bäume mit. Im Herbst können Sie mit Ihren Kindern unterschiedliche Blätter sammeln, die Sie dann nach der Wanderung pressen und trocknen können. Im Sommer sammeln Sie einfach Blätterfotos und basteln so ein kleines Herbarium.

Kleiner Schmetterling am Wegesrand

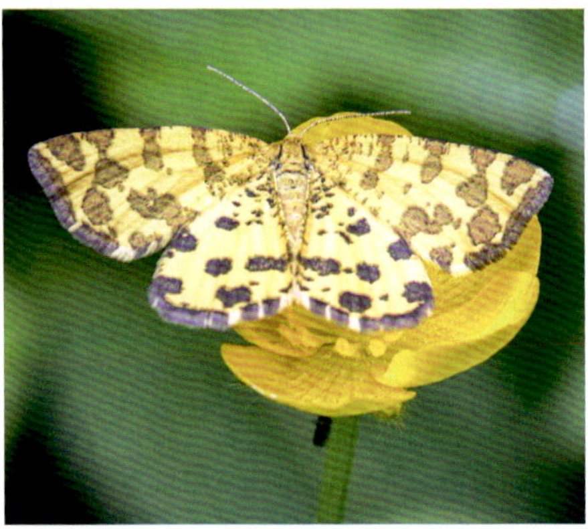

Nach den ersten drei Tafeln gelangen Sie an eine Gabelung, wo Sie links abbiegen. Hier fehlt die Markierung. Bald erreichen Sie einen Felsabbruch zur Linken (km 0,7), wo Sie einen Blick in einen aufgelassenen Steinbruch werfen können. Bohrhaken in den Felswänden zeigen, dass die Felsen von Sportkletterern benutzt werden. Weiter geradeaus finden Sie nach der Baumtafel Nr. 31 die nächste Markierung, der Sie nun wieder folgen. So kommen Sie zu einer Picknickbank zwischen Kunstwerken im Wald (km 0,8). Wenige Meter entfernt steht ein Aussichtsturm mit fantastischem Blick auf Hotton ❶. Die Tür steht offen, eine Wendeltreppe führt hinauf.

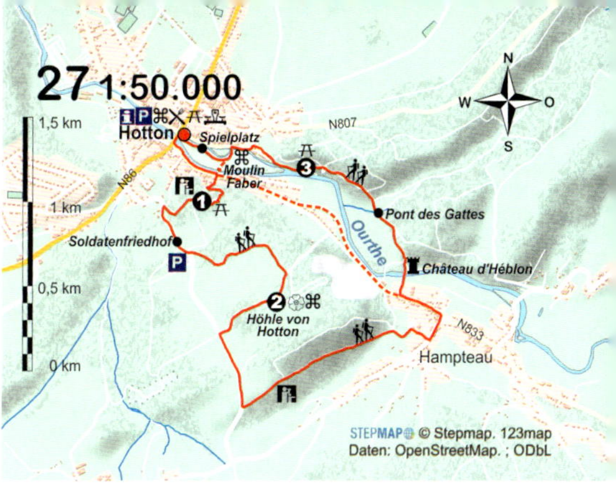

Achtung, nehmen Sie Kinder hier bitte an die Hand, da das Geländer nicht vor Absturz sichert!

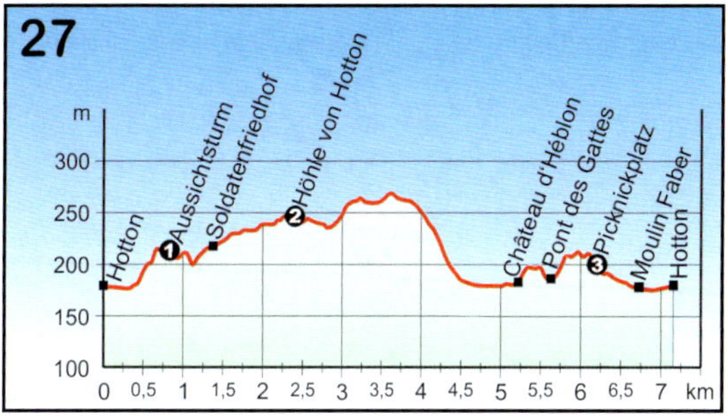

Vorbei am Turm laufen Sie einen breiten Forstweg entlang, bis Sie nach 200 m zur Straße gelangen. Hier finden Sie eine Wandertafel mit Bank. Die Wanderzeichen führen Sie am Straßenrand sanft bergauf bis zur Eingangspforte des britischen Soldatenfriedhofs.

Als im Winter 1944/45 die Ardennen während der Ardennenoffensive von Nazitruppen heimgesucht wurden, waren es Soldaten der Westalliierten, die die Invasion zurückschlugen und damit auch den sinnloser und sinnloser werdenden Krieg beendeten. 666 von ihnen liegen hier begraben. Ein Grab ist neueren Datums. Im Jahr 1978 starb der englische Gärtner, der mit der Pflege der Grabstätten betraut war. Er fand hier seine letzte Ruhestätte.

Nach etwa 100 m verlassen Sie die Straße und biegen am P Parkplatz nach links in den Schotterweg ein. Zwischen dichtem Buschwerk, Feldern und Kuhwiesen laufen Sie weiter, bis Sie auf eine Fahrstraße treffen. Die Markierung ist hier leicht zu übersehen. Wenden Sie sich nach rechts bergauf. Nach 200 m stehen Sie am Eingang zur Höhle von Hotton ❷.

⌘ Höhle von Hotton, Chemin du Spéléo Club 1, 6990 Hotton, ☏ +32/(0)84/46 60 46, www.grottesdehotton.be, Führungen: April-Juni und Sep-Okt tägl. zwischen 10:00 und 17:00, Juli-Aug tägl. zwischen 10:00 und 18:00, Nov-März Sa+So um 12:30, 14:00 und 15:30, Weihnachten und Neujahr geschlossen, Erw. € 10, Kinder 3-11 J. € 7, geführte Besichtigung von etwa 1 Std., Temperatur in der Höhle 12 °C, für Hunde nicht erlaubt

Die Markierung führt Sie nun für einen knappen Kilometer am Rand einer ruhigen Landstraße entlang, von der Sie bei km 3,3 in einen Feldweg mit beeindruckendem Blütenstreifen abbiegen. Sanft wölbt sich um Sie herum die Landschaft, zwischen waldigen Passagen haben Sie immer wieder schöne Fernblicke.

Fernblick

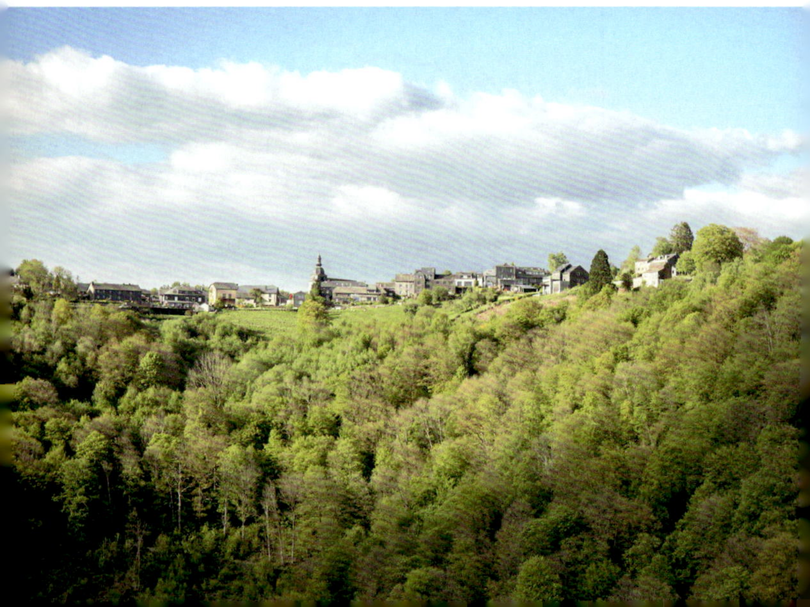

Bei km 4,4 sind Sie schon eine Weile bergab gegangen und erreichen eine Gabelung. Hier fehlt die Markierung. Wählen Sie den betonierten Weg nach rechts. Über einen Bachlauf erreichen Sie das nächste Wegzeichen.

Sie erreichen Hampteau, passieren die Grundschule, gelangen zur Rue Chavée und dann zur Rue de la Roche (N833). Nach links auf dem Bürgersteig folgen Sie der Markierung bis zur Bushaltestelle „Hampteau Héblon". Bitte überqueren Sie hier vorsichtig die Rue de la Roche und nehmen Sie dann den abzweigenden Weg, der neben dem Ruisseau d'Ardoua entlangläuft.

Mit Kinderwagen ist die weitere Wanderung nicht mehr zu empfehlen. Folgen Sie weiter der N833 bis zur Fußgängerbrücke über die Ourthe. Über die Brücke gehen Sie in den Stadtpark zum Abenteuerspielplatz, wo Sie ihre Mitwanderer wiedertreffen können.

Auf dem regulären Weg erreichen Sie das Ufer der Ourthe. Über die Brücke und vorbei am schmiedeeisernen Tor mit den beiden Löwen, hinter dem sich versteckt das Château d'Héblon befindet, gehen Sie geradeaus an riesigen Lebensbäumen vorbei. Der undeutliche Trampelpfad wird bald sichtbarer und führt am Wiesenrand zum (meistens) trockenen Bachbett der Isbelle und der Steinbrücke Pont des Gattes.

Die Isbelle ist ein bemerkenswerter Fluss. Sie entspringt etwa 15 km von hier. Auf ihrem Weg zur Ourthe, in die sie mündet, ändert sich die Gesteinsart ihres Bettes und sie versiegt im Wald oberhalb von Hotton. Bei Schneeschmelze oder sehr großer Flut füllen sich die Karsthöhlen, in denen sie unterirdisch fließt, sodass die Isbelle auf den letzten Metern wieder zutage tritt und auch ein oberirdisches Flussbett hat. Das passiert jedoch ausgesprochen selten.
Falls Sie das Glück haben, die Isabelle zu sehen, müssen Sie die Brücke benutzen.

Auf schmalem Weg steigt der Weg im Wald nun an, es wird unwegsamer. Folgen Sie jetzt der weiß-roten Markierung (GR 57), immer in größter Nähe zum Ufer. Nach einem steilen Abstieg über einen steinigen Pfad (km 6,1) erreichen Sie das Ufer. Hier finden Sie einen schönen Picknickplatz ❸ mit seichtem Uferbereich und Blick auf die Rochers de Rénissart. Bei gutem Wetter können Sie Kletterern zusehen.

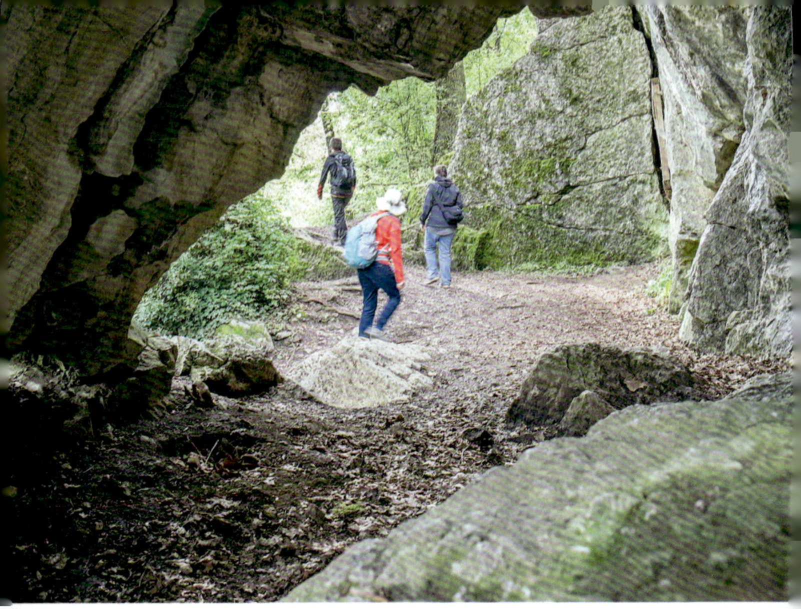

Wandern mit Durchblick

Bitte benutzen Sie die Kletterrouten nur, wenn Sie über Erfahrung und die notwendige Ausrüstung verfügen.

Zwischen Fluss und Felsen wartet nun ein idyllischer und geologisch interessanter Wegabschnitt auf Sie. Durch einen Hohlweg – Achtung, Stacheldraht zu beiden Seiten – erreichen Sie wieder die Straße und sehen vor sich einen Panzeraufsatz, der zum Dank für die Befreiung Hottons im Januar 1945 durch die 53. Infanteriedivision unter Feldmarschall Montgomery aufgestellt wurde.

Der Markierung folgen Sie nach links bis zur ⌘ Wassermühle Moulin Faber. Vor der Mühle überqueren Sie nach links den Mühlgraben und gehen nun ohne Markierung nach rechts durch den Stadtpark zum Spielplatz und zum Pavillon. Sobald Sie die Pavillonbrücke überquert haben, befinden Sie sich wieder am Ausgangspunkt der Wanderung.

Wanderer mit Kinderwagen treffen Sie beim Spielplatz wieder.

☺ Bei Tour 22 gibt es ein Rätsel. Lösung: rotes Dreieck = 1